ⓦ 완자

공부력

Ⓠ 왜 공부력을 키워야 할까요?

쓰기력

정확한 의사소통의 기본기이며 논리의 바탕

연필을 잡고 종이에 쓰는 것을 괴로워한다!
맞춤법을 몰라 정확한 쓰기를 못한다!
말은 잘하지만 조리 있게 쓰는 것이 어렵다!
그래서 글쓰기의 기본 규칙을 정확히 알고
써야 공부 능력이 향상됩니다.

어휘력

교과 내용 이해와 독해력의 기본 바탕

어휘를 몰라서 수학 문제를 못 푼다!
어휘를 몰라서 사회, 과학 내용 이해가 안 된다!
어휘를 몰라서 수업 내용을 따라가기 어렵다!
그래서 교과 내용 이해의 기본 바탕을
다지기 위해 어휘 학습을 해야 합니다.

독해력

모든 교과 실력 향상의 기본 바탕

글을 읽었지만 무슨 내용인지 모른다!
글을 읽고 이해하는 데 시간이 오래 걸린다!
읽어서 이해하는 공부 방식을 거부하려고 한다!
그래서 통합적 사고력의 바탕인 독해 공부로
교과 실력 향상의 기본기를 닦아야 합니다.

계산력

초등 수학의 핵심이자 기본 바탕

계산 과정의 실수가 잦다!
계산을 하긴 하는데 시간이 오래 걸린다!
계산은 하는데 계산 개념을 정확히 모른다!
그래서 계산 개념을 익히고 속도와 정확성을
높이기 위한 훈련을 통해 계산력을 키워야 합니다.

세상이 변해도
배움의 즐거움은
변함없도록

시대는 빠르게 변해도
배움의 즐거움은
변함없어야 하기에

어제의 비상은
남다른 교재부터
결이 다른 콘텐츠
전에 없던 교육 플랫폼까지

변함없는 혁신으로
교육 문화 환경의 새로운 전형을
실현해왔습니다.

비상은 오늘, 다시 한번
새로운 교육 문화 환경을 실현하기 위한
또 하나의 혁신을 시작합니다.

오늘의 내가 어제의 나를 초월하고
오늘의 교육이 어제의 교육을 초월하여
배움의 즐거움을 지속하는 혁신,

바로, 메타인지학습을.

상상을 실현하는 교육 문화 기업 비상

메타인지학습
초월을 뜻하는 meta와 생각을 뜻하는 인지가 결합된 메타인지는
자신이 알고 모르는 것을 스스로 구분하고 학습계획을 세우도록 하는
궁극의 학습 능력입니다. 비상의 메타인지학습은 메타인지를 키워주어
공부를 100% 내 것으로 만들도록 합니다.

완자

공부력

초등 전과목
어휘 2B

초등 전과목 어휘
1-2학년군 구성

- 1A, 1B, 2A, 2B -

국어 교과서

✓ **문학**
화해 | 값지다 | 흡족 | 낭송 | 충고 등
20개 어휘 수록

✓ **문법**
밑바닥 | 무렵 | 진지 | 계시다 | 주무시다 등
12개 어휘 수록

✓ **말하기, 쓰기**
훑어보다 | 긴장 | 안부 | 짐작 | 배려 등
24개 어휘 수록

사회 교과서

✓ **사회·문화**
노약자 | 무릅쓰다 | 삼가다 | 갈등 | 적성 등
28개 어휘 수록

✓ **생활**
차례 | 증상 | 적절하다 | 규칙 | 응급 등
40개 어휘 수록

✓ **환경, 법**
함부로 | 횡단보도 | 예보 | 자제 | 재활용 등
16개 어휘 수록

✓ **역사, 지역**
조상 | 지혜롭다 | 며칠 | 한파 | 장맛비 등
12개 어휘 수록

1~2학년 교과서에 나오는 필수 어휘를
과목별 주제에 따라 배우며 실력을 키워요!

수학 교과서

✔ **연산**

묶음 | 세다 | 맞추다 | 낱개 | 횟수 등
12개 어휘 수록

✔ **도형**

반듯하다 | 형태 | 맞추다 | 곧다 | 비교 등
12개 어휘 수록

✔ **측정, 자료**

가리키다 | 시각 | 단위 | 어림 | 합계 등
20개 어휘 수록

과학 교과서

✔ **생물, 몸**

소화 | 고약하다 | 보온 | 천적 | 풍부하다 등
40개 어휘 수록

✔ **대기, 지구, 우주**

햇볕 | 가파르다 | 오염 | 진공 | 육지 등
24개 어휘 수록

✔ **물질, 열, 운동**

끓이다 | 쓰임새 | 높낮이 | 질다 | 묽다 등
20개 어휘 수록

특징과 활용법

하루 4쪽 공부하기

✳ 그림과 한자로
교과서 필수 어휘를
배우고 문제를 풀며
확장하여 익혀요.

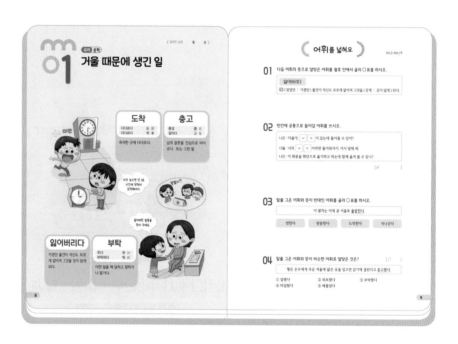

✳ 필수 어휘와 연관된
관용 표현과
문법을 배우고,
교과서 관련 글을
읽으며 어휘력을
키워요.

✓ 책으로 하루 4쪽씩 공부하며, 초등 어휘력을 키워요!

✓ 모바일앱으로 공부한 내용을 복습하고 몬스터를 잡아요!

공부한 내용 확인하기

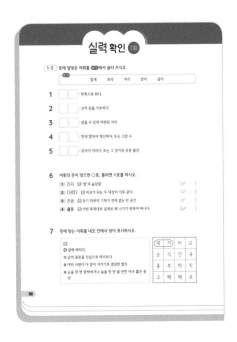

✳ 20일 동안 배운 어휘를 문제로
풀어 보며 자기의 실력을 확인해요.

모바일앱으로 복습하기

앱 다운받기   책 인증하기

✳ 그날 배운 내용을 바로바로,
또는 주말에 모아서 복습하고,
다이아몬드 획득까지!
공부가 저절로 즐거워져요!

차례

우리도 하루 4쪽 공부 습관!
스스로 공부하는 힘을
키워 볼까요?

큰 습관이
지금은 그 친구를 이끌고 있어요.
매일매일의 좋은 습관은 우리를 좋은
곳으로 이끌어 줄 거예요.

한 친구가
작은 습관을 만들었어요.

매일매일의 시간이 흘러
작은 습관은 큰 습관이 되었어요.

국어 문학

01 거울 때문에 생긴 일

도착

다다르다	도 到
다다르다	착 着

목적한 곳에 다다르다.

충고

충성	충 忠
알리다	고 告

남의 잘못을 진심으로 타이르다. 또는 그런 말

자꾸 늦으면 안 돼.
시간에 맞춰서
도착해야지.

보았니?

?

잃어버린 필통을
찾아 주세요.

잃어버리다

가졌던 물건이 자신도 모르게 없어져 그것을 갖지 않게 되다.

부탁

주다	부 付
부탁하다	탁 託

어떤 일을 해 달라고 청하거나 맡기다.

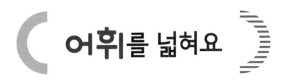

01 다음 어휘의 뜻으로 알맞은 어휘를 괄호 안에서 골라 ○표를 하시오.

> 잃어버리다
>
> 뜻 (잊었던 | 가졌던) 물건이 자신도 모르게 없어져 그것을 (갖게 | 갖지 않게) 되다.

02 빈칸에 공통으로 들어갈 어휘를 쓰시오.

> 나은: 다율아, ㅂ ㅌ 이 있는데 들어줄 수 있어?
>
> 다율: 너의 ㅂ ㅌ 이라면 들어줘야지. 어서 말해 봐.
>
> 나은: 이 화분을 화단으로 옮기려고 하는데 함께 옮겨 줄 수 있니?

[✎   ]

03 밑줄 그은 어휘와 뜻이 반대인 어휘를 골라 ○표를 하시오.

> 이 열차는 이제 곧 서울로 <u>출발한다</u>.

전한다   방문한다   도착한다   지나간다

04 밑줄 그은 어휘와 뜻이 비슷한 어휘로 알맞은 것은?   [✎   ]

> 형은 은우에게 추운 겨울에 얇은 옷을 입으면 감기에 걸린다고 <u>충고했다</u>.

① 달랬다   ② 위로했다   ③ 부탁했다
④ 타일렀다   ⑤ 베풀었다

05 보기를 보고, 밑줄 그은 어휘를 바르게 고쳐 쓰시오.

> 보기
>
> **받침 'ㅀ'**
>
> 받침에만 사용되며, '싫다, 많다, 끓다'와 같은 어휘에 쓰인다.

1 나는 벌레가 <u>실타</u>. → ☐ ☐.

2 식탁 위에 빵이 <u>만타</u>. → ☐ ☐.

3 가스레인지에 올려 둔 물이 <u>끌는다</u>. → ☐ ☐ ☐.

06 밑줄 그은 말의 뜻으로 알맞은 것에 ✓표를 하시오.

> 친구가 내 연필을 빌려간 후 부러뜨렸다. 나는 내 연필을 부러뜨리면 어떻게 하나
> 고 화를 냈다. 그런데 친구는 오히려 비싸지 않은 연필 때문에 왜 화를 내냐고 따졌
> 다. 나는 친구의 태도에 <u>말을 잃었다</u>.

☐ 말이 거침없이 술술 잘 나오다.

☐ 말만 하고 실제로 행동은 하지 않는다.

☐ 놀라거나 어이가 없어 말이 나오지 않는다.

07 다음 속담을 사용할 상황으로 알맞은 것에 ✓표를 하시오.

> **입에 쓴 약이 병에는 좋다**
>
> 좋은 약은 입에는 쓰지만 몸에는 좋다. 이처럼 자기에 대한 충고나 비판이 당장은
> 듣기에 좋지 않지만 충고나 비판을 받아들이면 자신에게 도움이 된다는 뜻의 속담
> 이다.

☐ 엄마는 진우에게 간식을 줄이고 운동을 하라고 말씀하셨다.

☐ 규현이는 여름 방학에 매일 책을 한 권씩 읽겠다고 다짐했다.

☐ 채은이는 사람이 없을 때 길에 쓰레기를 버려도 된다고 말했다.

08~10 다음 글을 읽고, 물음에 답하시오. 국어 문학

옛날 옛적에 시골에 살던 어느 장사꾼이 한양에 가게 되었습니다. 장사꾼의 아내는 둥근 보름달을 가리키며 한양에 가면 달처럼 생긴 거울이라는 귀한 물건이 있다고 하니 사다 달라고 부탁했습니다. 장사꾼은 한양에 도착해서 달처럼 둥근 거울을 샀습니다. 장사꾼은 거울을 잃어버릴까 봐 안주머니에 넣어서 집으로 가져왔습니다. 난생처음 거울을 본 장사꾼의 아내는 거울을 들여다보고 거울 안에 못생긴 여자가 있다며 난리를 피웠습니다. 장사꾼은 깜짝 놀라 거울을 보았습니다. 그런데 거울 안에 처음 보는 남자가 있었습니다. 장사꾼은 아내가 낯선 남자를 데려왔다며 화를 냈습니다. 장사꾼 부부는 결국 사또를 찾아갔습니다. 사또가 장사꾼 부부의 말을 듣고 거울을 보니 거울 안에는 낯선 사또가 있었습니다. 사또는 자기대신 새 사또가 왔다고 생각하여 관리들에게 지금까지 잘못한 점을 따끔하게 충고한 후 어디론가 사라져 버렸습니다.

08 이 글의 핵심 내용을 파악하여 빈칸에 들어갈 알맞은 말을 쓰시오.

{ ☐☐ 을 처음 본 사람들의 이야기 }

09 장사꾼의 아내가 한양에 가는 장사꾼에게 부탁한 것은? [✎　　]

① 빗을 사다 달라고 하였다.
② 거울을 사다 달라고 하였다.
③ 편지를 써서 보내 달라고 하였다.
④ 자신도 한양에 데려가 달라고 하였다.
⑤ 친구를 만나 물건을 전해 달라고 하였다.

10 거울을 보고 난 후 각 인물의 반응으로 알맞지 <u>않은</u> 것에 ✓표를 하시오.

☐ 장사꾼의 아내	☐ 장사꾼	☐ 사또
못생긴 여자가 있다며 난리를 피웠다.	아내가 낯선 남자를 데려왔다며 화를 냈다.	자신의 모습이 멋지다고 생각했다.

사회 생활

02 꼭 지켜야 해요

공연

| 드러내 놓다 | 공 公 |
| 펴다 | 연 演 |

음악, 무용, 연극 따위를 많은 사람 앞에서 보여 주는 일

관람

| 보다 | 관 觀 |
| 보다 | 람 覽 |

연극, 영화, 운동 경기, 미술품 따위를 구경하다.

입장

| 들어가다 | 입 入 |
| 곳 | 장 場 |

어떠한 곳이나 일정한 구역의 안으로 들어가다.

좌석

| 자리 | 좌 座 |
| 자리 | 석 席 |

앉을 수 있게 마련된 자리

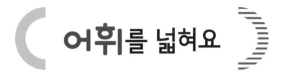

어휘를 넓혀요

정답과 해설 7쪽

01 빈칸에 들어갈 알맞은 어휘를 쓰시오.

안내 말씀 드립니다. 곧 연극 ❶ ㄱ ㅇ 을 시작할 예정입니다. 아직 공연장 안에 들어오지 않으신 분들은 서둘러 ❷ ㅇ ㅈ 해 주시기 바랍니다.

❶ [✐   ] ❷ [✐   ]

02 밑줄 그은 어휘와 뜻이 비슷한 어휘를 골라 ○표를 하시오.

경기장에 늦게 갔더니 앉을 자리가 없어서 서서 경기를 보았다.

출석   좌석   방석   결석

03 밑줄 그은 어휘와 뜻이 비슷한 어휘로 알맞은 것은? [✐]

유명한 배우가 나오는 연극을 관람하려고 극장에 왔다.

① 사려고   ② 보려고   ③ 지키려고
④ 시키려고   ⑤ 들어가려고

04 '장(場)' 자가 들어간 보기의 어휘 중 빈칸에 알맞은 어휘를 골라 쓰시오.

보기
장소(場所)   공장(工場)

1 윤아는 시간에 맞추어 약속 [   ] 에 도착했다.
↳어떤 일이 이루어지거나 일어나는 곳

2 장난감 [   ] 의 마당에는 많은 인형이 쌓여 있었다.
↳기계를 사용하여 물건을 만들어 내는 곳

05 보기와 같은 관계의 어휘들이 <u>아닌</u> 것은?　　　　　[✎　　]

보기

입장하다 ←→ 퇴장하다

반대의 뜻

① 많다 – 적다 　　　　　　　　② 벗다 – 입다
③ 만나다 – 헤어지다 　　　　　④ 끝나다 – 시작하다
⑤ 반복하다 – 되풀이하다

06 밑줄 그은 말의 뜻으로 알맞은 것은?　　　　　　[✎　　]

효리: 윤호가 진수와 화해하고 싶은데 쑥스러워서 먼저 미안하다는 말을 못하겠대.
　　　우리가 도와줄 수 있는 방법이 없을까?
찬휘: 나는 괜히 끼어들기 싫어.
효리: 그래도 친구 일인데 그렇게 <u>강 건너 불구경</u>하듯이 가만히 있을 거야?

① 몸을 움직일 수 없는 형편이 되다.
② 어떤 무리에서 몇 되지 않게 특별하다.
③ 새로운 과정을 출발하거나 일을 시작하다.
④ 어려운 형편에 있으면서 배부른 행동을 하다.
⑤ 자기와 관계없는 일이라고 무관심하게 굴다.

07 밑줄 그은 부분에 다음 한자 성어를 쓸 수 있는 문장에 ✓표를 하시오.

좌불안석 　좌(坐) 앉다 　불(不) 아니다 　안(安) 편안하다 　석(席) 자리

　앉아도 자리가 편안하지 않다는 뜻으로, 마음이 불안하거나 걱정스러워서 한군데에 가만히 앉아 있지 못하고 안절부절못하는 모양을 이른다.

☐ 아픈 동생이 걱정되어 어머니는 ＿＿＿＿＿＿＿이었다.

☐ 친구들은 놀이 공원으로 소풍을 가고 싶다고 ＿＿＿＿＿＿으로 외쳤다.

☐ 항상 다른 사람을 도와주는 민수를 모두들 ＿＿＿＿＿＿으로 칭찬하였다.

08~10 다음 글을 읽고, 물음에 답하시오.   사회 생활

공연장을 찾아 주신 관객 여러분께서는 다음과 같은 점을 지켜 주시기 바랍니다.

- 공연 시작 전에 입장하여 정해진 좌석에 앉습니다.
- 공연장에 음식물을 가지고 들어가면 안 됩니다.
- 공연 중에 큰 소리로 이야기하면 안 됩니다.
- 공연 중에 자리에서 일어서거나 돌아다니면 안 됩니다.
- 공연을 관람할 때에는 휴대 전화를 꺼 두셔야 합니다.
- 공연 중에 녹음을 하거나 사진을 찍으면 안 됩니다.

08 이 글의 핵심 내용을 파악하여 빈칸에 들어갈 알맞은 말을 쓰시오.

{ ☐☐ 을 관람할 때 지켜야 할 점 }

09 다음 중 공연을 관람할 때의 행동으로 알맞은 것은?   [✎   ]

① 간단한 음식물 먹기   ② 정해진 자리에 앉기
③ 공연하는 모습 사진 찍기   ④ 친구와 큰 소리로 이야기하기
⑤ 마음에 드는 장면에서 일어나서 박수 치기

10 다음 그림 속 사람에게 말해 줄 수 있는 항목에 ✔표를 하시오.

☐ 공연 중에 녹음을 하거나 사진을 찍으면 안 됩니다.

☐ 공연을 관람할 때에는 휴대 전화를 꺼 두셔야 합니다.

☐ 공연 중에 자리에서 일어서거나 돌아다니면 안 됩니다.

과학 우주

03 우주에서 입는 옷

필요한 복장을 갖추고 장비를 준비했어요.

OO네 주말 농장

복장

| 입다 | 복 服 |
| 꾸미다 | 장 裝 |

옷을 차려입은 모양

장비

| 꾸미다 | 장 裝 |
| 갖추다 | 비 備 |

갖추어 차리다. 또는 그 장치와 갖춘 물건

비닐 안에 공기가 없어요.

생선을 오래 보관할 수 있어 만족이야.

진공

| 정말로 | 진 眞 |
| 비다 | 공 空 |

공기 따위의 기체가 전혀 없는 빈 공간

만족

| 가득하다 | 만 滿 |
| 넉넉하다 | 족 足 |

마음에 흐뭇하여 모자람이 없다.

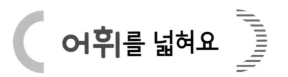

01 밑줄 그은 어휘의 뜻으로 알맞은 말을 괄호 안에서 골라 ○표를 하시오.

실험실을 <u>진공</u> 상태로 만들었다.
↳ (물건 | 공기) 따위의 기체가 (꽉 차 있는 | 전혀 없는) 공간

02 빈칸에 공통으로 들어갈 어휘를 쓰시오.

- 아빠는 산에 가기 위해 등산 　ㅈ　 　ㅂ　 를 챙기셨다.
- 학교 방송 　ㅈ　 　ㅂ　 가 낡아서 모두 새 것으로 바꾸었다.

[✎ 　　　　　]

03 밑줄 그은 어휘와 뜻이 비슷한 어휘를 골라 ○표를 하시오.

언니는 항상 <u>복장</u>을 단정하게 하고 밖에 나간다.

생각 　　　 옷차림 　　　 생김새 　　　 마음가짐

04 빈칸에 '만족하다'를 쓸 수 <u>없는</u> 문장의 기호를 쓰시오.

㉠ 엄마는 자신의 직업에 [　　　　　].

㉡ 그 선수는 자신의 최고 기록을 보고 [　　　　　].

㉢ 이 산은 구름이 산꼭대기를 가릴 만큼 [　　　　　].

㉣ 주희는 영어 시험에서 좋은 점수를 받아 [　　　　　].

[✎ 　　　　　]

05 보기의 '-감'이 사용된 어휘가 <u>아닌</u> 것은? [✎   ]

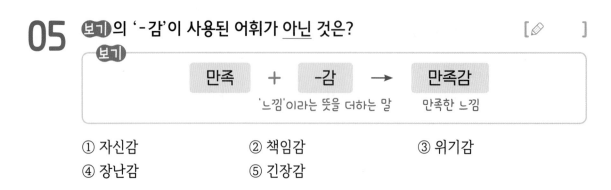

① 자신감
② 책임감
③ 위기감
④ 장난감
⑤ 긴장감

06 빈칸에 공통으로 쓸 수 있는 것에 ✓표를 하시오.

- 언니 책상에는 연필, 공책, 가위, 색종이, 자 등 [   ].
- 엄마와 함께 간 시장에는 [   ] 필요한 것을 다 살 수 있다.

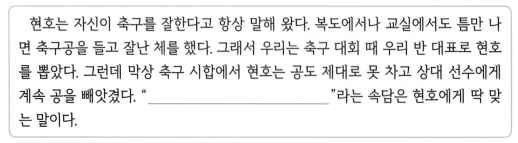

☐ 손에 익다

일이 손에 익숙해지다.

☐ 눈을 끌다

호기심을 일으켜 보게
하다.

☐ 없는 것이 없다

모든 것이 다 갖추어
져 있다.

07 밑줄 그은 부분에 들어갈 속담으로 알맞은 것은? [✎   ]

현호는 자신이 축구를 잘한다고 항상 말해 왔다. 복도에서나 교실에서도 틈만 나면 축구공을 들고 잘난 체를 했다. 그래서 우리는 축구 대회 때 우리 반 대표로 현호를 뽑았다. 그런데 막상 축구 시합에서 현호는 공도 제대로 못 차고 상대 선수에게 계속 공을 빼앗겼다. "_____"라는 속담은 현호에게 딱 맞는 말이다.

① 빈 수레가 요란하다
② 소 잃고 외양간 고친다
③ 발 없는 말이 천 리 간다
④ 말 한마디에 천 냥 빚도 갚는다
⑤ 길고 짧은 것은 재어 보아야 안다

08~10 다음 글을 읽고, 물음에 답하시오.　　　과학 우주

　우주 공간은 지구와 달리 공기가 없는 진공 상태이기 때문에 숨을 쉴 수 없습니다. 우주 비행사가 우주에서 살아남기 위해서는 특별한 복장이 필요합니다. 우주 비행사는 우주를 여행할 때 우주복을 입습니다. 우주복에는 우주 비행사에게 산소를 공급하는 장치, 통신 장치가 달려 있고 헬멧, 장갑, 장화 등 몸을 보호해 주는 여러 장비도 마련돼 있습니다. 헬멧은 자외선처럼 사람에게 해로운 빛을 막아 줍니다. 장갑은 우주선 안의 기계들을 다루기 편리하도록 만들어졌고 장화는 열이 들어오는 것을 막아 줍니다. 이러한 우주복은 약 100킬로그램 정도로 매우 무겁습니다. 과학자들은 우주 비행사들이 우주에서의 생활에 만족할 수 있도록 가벼우면서도 다양한 기능이 있는 우주복을 만들기 위해 노력하고 있습니다.

08 이 글의 핵심 내용을 파악하여 빈칸에 들어갈 알맞은 말을 쓰시오.

{ ☐☐☐☐☐ 가 우주에서 입는 옷 }

09 우주복에 대한 설명으로 알맞지 <u>않은</u> 것은?　　［✎　　］

① 우주 비행사들이 우주에서 입는 옷이다.
② 무게는 10킬로그램 정도로 가벼운 편이다.
③ 사람에게 해로운 빛을 막아 주는 헬멧이 있다.
④ 산소를 공급하는 장치와 통신 장치가 달려 있다.
⑤ 손에 끼는 장갑은 기계를 다루기 편리하도록 만들었다.

10 보기의 밑줄 그은 부분에 들어갈 말로 알맞은 것에 ○표를 하시오.

보기
연호: 우주에서는 왜 숨을 쉴 수 없어요?
선생님: 우주는 공기가 없는 ＿＿＿＿＿＿이기 때문이란다.

　　전쟁 상태　　　　　실제 상황　　　　　진공 상태

사회 | 사회·문화

04 가족끼리 생각이 달라요

역할

일을 시키다	역 役
나누다	할 割

자기가 마땅히 해야 할 책임이나 임무

내 역할은 설거지를 하는 거야!

갈등

칡	갈 葛
등나무	등 藤

개인이나 집단 사이에 목표 등이 달라 서로 맞서다.

화목

화목하다	화 和
화목하다	목 睦

서로 뜻이 맞고 따뜻한 정이 있다.

안녕하세요.

존중

높다	존 尊
중요하다	중 重

높이어 귀하고 중요하게 대하다.

어휘를 넓혀요

01 다음에서 설명하는 '이 낱말'이 무엇인지 쓰시오.

이 낱말의 한자어는 '칡'과 '등나무'를 뜻한다. 칡과 등나무라는 식물은 어떤 사물를 감아올라가면서 자란다. 그런데 칡과 등나무는 감는 방향이 반대이다. 그래서 두 식물이 한 사물을 감아올라가면 서로 뒤얽히게 된다. 이 낱말은 칡과 등나무가 서로 얽힌 모습에서 생긴 말로, 각자의 목표 등이 달라 서로 맞선다는 뜻을 지닌다.

[✎   ]

02 밑줄 그은 말과 뜻이 비슷한 어휘로 알맞은 것에 ○표를 하시오.

우리 반 친구들은 각자의 맡은 일을 잘하였다.

| 자리 | 역할 | 자격 | 장비 |

03 빈칸에 쓸 수 있는 어휘를 보기에서 골라 쓰시오.

보기
존중   화목

1 가정이 [   ] 해야 모든 일이 잘 된다.

2 부모님께서는 나의 생각을 [   ] 해 주신다.

04 '중(重)' 자가 들어간 보기의 어휘 중 빈칸에 알맞은 어휘를 골라 쓰시오.

보기
중요(重要)   소중(所重)

1 말만 하는 것보다 행동하는 것이 [   ] 하다.
↳ 귀중하고 꼭 필요하다.

2 나에게는 그 어떤 보물보다도 가족이 [   ] 하다.
↳ 매우 귀중하다.

05 밑줄 그은 어휘의 뜻을 보기 에서 골라 그 기호를 쓰시오.

> 보기
>
> ### 역할
>
> ㉠ 자기가 마땅히 해야 할 책임이나 임무
> 　예 우리는 역할을 나누어서 교실을 꾸몄다.
> ㉡ 영화나 연극 따위에서 배우가 맡아서 하는 임무
> 　예 그 배우는 어떤 역할이든지 잘 어울린다.

1 아빠는 회사에서 중요한 <u>역할</u>을 하고 있다. (　　　　)

2 우리 반 회장은 친구들을 위해 자기 <u>역할</u>을 다하였다. (　　　　)

3 은서는 이번 연극에서 공주 <u>역할</u>을 맡았다고 기뻐하였다. (　　　　)

06 밑줄 그은 부분에 들어갈 말로 알맞은 것은? [　　　　]

> 　교내 달리기 대회에 민우가 우리 반 대표로 나갔다. 민우가 달리기 대회에서 1등을 하면 우리 반은 학교에서 준비한 상품을 받을 수 있다. 출발 신호와 함께 민우와 다른 반 대표들이 달리기 시작했다. 우리 반 친구들은 모두 ＿＿＿＿＿＿＿ 민우를 응원했다.

① 분초를 다투듯
② 발이 묶이도록
③ 변덕이 죽 끓듯
④ 한마음 한뜻으로
⑤ 귓가에 맴돌도록

07 다음 속담을 알맞게 사용한 문장에 ✓표를 하시오.

> ### 금이야 옥이야
>
> 　무엇을 매우 사랑스럽고 소중히 생각하여 금이나 옥처럼 귀하고 중요하게 여기는 모양을 뜻한다.

☐ 엄마는 헌옷을 <u>금이야 옥이야</u> 버렸다.

☐ 거센 바람에 큰 나무가 <u>금이야 옥이야</u> 쓰러졌다.

☐ 그는 부잣집에서 <u>금이야 옥이야</u> 귀하게 자란 사람이다.

08~10 다음 글을 읽고, 물음에 답하시오.   사회 사회·문화

우리가 학교에서 친구들과 갈등이 생기듯이 가족 간에도 때때로 갈등이 생깁니다. 가족 간에 갈등이 생기는 이유는 다양하지만, 서로의 역할에 대한 기대가 다르기 때문에 갈등이 생기기도 합니다. 예를 들어 부모님들은 아이들이 스스로 자신이 할 일을 하기를 바랍니다. 아이들은 부모님이 자신의 생각을 들어 주기를 바랍니다. 서로에 대한 이러한 기대가 어긋났을 때 갈등이 생길 수 있습니다. 갈등이 생겼을 때 한쪽이 원하는 대로 하는 것은 바람직하지 않습니다. 갈등을 해결하기 위해서는 가족들이 각자의 역할을 바르게 알고 실천하는 것이 중요합니다. 화목한 가정을 만들기 위해서는 가족끼리 서로의 생각을 존중하며 많은 대화를 나눠야 합니다. 대화를 나누면 가족 간의 몰랐던 점을 알게 되고 서로를 이해할 수 있습니다.

08 이 글의 핵심 내용을 파악하여 빈칸에 들어갈 알맞은 말을 쓰시오.

가족 간에 생기는 [ ][ ]의 원인과 해결 방법

09 이 글을 통해 알 수 있는 가족 간 갈등의 이유로 알맞은 것은?   [✎   ]

① 행동이 바르지 않기 때문에
② 서로 참견하는 것이 많기 때문에
③ 서로 다른 취미를 지녔기 때문에
④ 서로의 역할에 대한 기대가 다르기 때문에
⑤ 서로 좋아하는 것이 무엇인지 모르기 때문에

10 화목한 가정을 만드는 방법으로 알맞지 <u>않은</u> 것은?   [✎   ]

① 많은 대화 나누기
② 이해하고 배려하기
③ 서로의 생각 존중하기
④ 각자의 역할 바르게 알기
⑤ 서로 원하는 것 모두 들어주기

과학 생물

05 먹을 수 있는 꽃

목적

눈	목 目
목표	적 的

실제로 이루려고 하는 일이나 나아가는 방향

청소의 목적

대신

대신하다	대 代
몸	신 身

어떤 것의 자리나 역할을 바꾸어서 새로 맡다.

아픈 동생 대신 청소를 하러 왔어.

이 껌을 제거하려면 납작한 물건이 필요하겠어.

제거

덜다	제 除
버리다	거 去

없애 버리다.

납작하다

평평하고 얇으면서 좀 넓다.

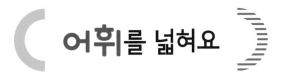
01 빈칸에 '목적'을 쓸 수 <u>없는</u> 문장의 기호를 쓰시오.

⊙ 이 울타리는 잔디밭을 보호할 [　　　　] 으로 만들어졌다.

ⓒ 우리는 경기가 시작하기 전에 꼼꼼하게 [　　　　] 을 짰다.

ⓒ 우리 반은 [　　　　] 을 이루기 위해서 똘똘 뭉쳐 노력했다.

ⓔ 형은 열심히 노력한 끝에 자신이 원하던 [　　　　] 을 이뤘다.

[✎　　　]

02 밑줄 그은 어휘와 뜻이 비슷한 어휘에 ◯표를 하시오.

엄마가 <u>평평한</u> 그릇에 과일을 담아 오셨다.

단단한　　　　납작한　　　　조그마한　　　　울퉁불퉁한

03 밑줄 그은 어휘와 뜻이 비슷한 어휘에 ◯표를 하시오.

옷에 묻은 얼룩을 <u>제거하려면</u> 물에 세제를 풀어 담가 두면 된다.
↳ 없애려면 ∣ 문지르려면 ∣ 드러내려면

04 빈칸에 쓸 수 있는 어휘를 보기에서 골라 쓰시오.

보기

제거　　　대신　　　목적

1 언니가 엄마를 [　　　　] 해서 간식을 만들어 주었다.

2 삼촌이 옷에 붙은 먼지를 [　　　　] 하는 도구를 사 왔다.

3 우주복은 우주에서 사람이 입기 위한 [　　　　] 으로 만든 옷이다.

어법+표현 다져요

05 괄호 안에서 알맞은 어휘를 골라 ○표를 하시오.

1 내가 장난감 정리를 (맞아 | 맡아) 하였다.

2 이번 연극에서는 내가 임금님의 (역활 | 역할)을 하기로 하였다.

3 창문을 열어서 방 안에 있던 냄새를 (제거하였다 | 재거하였다).

4 친구에게 줄 선물을 (납작한 | 납짝한) 상자에 담아 포장하였다.

06 밑줄 그은 부분에 들어갈 말로 알맞은 것에 ✓표를 하시오.

> 은유: 세호야, 장기자랑에서 무엇을 할 거야? 난 마술을 해 보려고 해.
> 세호: 그래? 그럼 나도 마술 연습을 해 볼까 봐.
> 민지: 신지처럼 멋지게 노래를 부르는 것도 좋을 것 같아.
> 세호: 마술 말고 노래를 연습해서 불러야겠다.
> 현정: 너는 ＿＿＿＿＿＿＿＿＿＿＿＿. 네가 하고 싶은 것을 해야지.

☐ 귀에 익다	☐ 귀가 얇다	☐ 귀를 세우다
들은 기억이 있다.	남의 말을 쉽게 받아들인다.	듣기 위해 신경을 곤두세우다.

07 밑줄 그은 속담을 사용할 상황으로 알맞은 것은? [✎   ]

> 우리 전통 음식인 떡국은 보통 소고기로 국물을 만드는데 옛날에는 소가 아주 귀한 동물이어서 음식에 소고기를 사용하기가 어려웠다. 그래서 꿩고기를 이용해 국물을 만들기도 했다. 그런데 꿩을 사냥하기 힘들어지면 어쩔 수 없이 닭으로 대신하여 떡국을 끓이기도 했다. 이것을 보고 꼭 적당한 것이 없을 때 그와 비슷한 것으로 대신하는 경우를 이르는 "꿩 대신 닭"이라는 속담이 생겼다.

① 친구의 과자를 몰래 먹고 안 먹은 척한다.
② 잘하는 것도 꼼꼼히 계획을 세우고 시작한다.
③ 동생을 울렸다가 과자를 주어 우는 동생을 달랜다.
④ 더운 날 에어컨이 고장이 나서 대신 선풍기를 틀었다.
⑤ 요리 연습을 하기 위해 샌드위치를 만든 후 맛있게 먹는다.

08~10 다음 글을 읽고, 물음에 답하시오.   과학 생물

꽃을 음식의 재료로 사용한다는 것을 알고 있나요? 우리는 주로 꽃을 보거나 꽃의 향기를 맡지만 진달래꽃, 국화꽃, 매화꽃 등은 예전부터 음식의 재료로 사용했습니다. 우리 조상들은 찹쌀가루를 반죽하여 둥글고 납작하게 만든 다음 진달래 꽃잎을 얹어 기름에 익혀 만든 화전을 먹었습니다. 진달래꽃이 없을 때에는 매화꽃으로 대신하여 화전을 만들었습니다. 지금도 다양한 꽃으로 화전을 만들어 먹습니다. 화전을 만들 목적으로 꽃을 사용할 때는 꽃의 가운데 있는 꽃술과, 꽃을 받치고 있는 꽃받침은 제거하고 먹는 것이 좋습니다. 꽃술에는 독이 있는 성분이 있을 수도 있고, 꽃가루 때문에 알레르기가 생길 수도 있기 때문입니다.

08 이 글의 핵심 내용을 파악하여 빈칸에 들어갈 알맞은 말을 쓰시오.

{ 음식의 재료로 사용할 수 있는 [   ] }

09 이 글의 내용으로 알맞지 <u>않은</u> 것은?   [✎   ]

① 화전은 진달래꽃으로만 만들 수 있다.
② 우리 조상들은 꽃을 재료로 음식을 만들었다.
③ 지금도 다양한 꽃을 이용해 화전을 만들어 먹는다.
④ 국화꽃, 매화꽃 등은 음식의 재료로 사용할 수 있다.
⑤ 화전은 찹쌀가루를 반죽해 둥글납작하게 부친 음식이다.

10 다음 중 화전을 만들어 먹는 부분의 기호를 쓰시오.

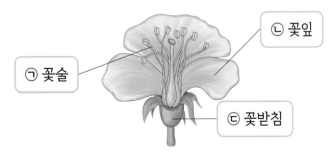

ⓒ 꽃잎
㉠ 꽃술
ⓒ 꽃받침

[✎   ]

수학 측정

06 시각과 시간

왜 내가 계산한 것과 다르지?

계산

세다	계	計
셈	산	算

수를 헤아리다.

다르다

비교가 되는 두 대상이 서로 같지 않다.

8000원입니다.

어림해 보니 양은 약 10마리야.

어림

대강 짐작으로 헤아리다.

약

묶다	약	約

'대강', '대략'의 뜻으로, 그 수나 양에 가까운 정도임을 나타내는 말

15마리!

01 빈칸에 쓸 수 있는 어휘끼리 묶인 것에 ✓표를 하시오.

민수: 정호야, 네가 산 연필과 지우개가 얼마인지 [   ].

정호: 연필 두 개와 지우개 한 개를 샀으니 합쳐서 삼천 원이야.

민수: 이상하다. 내가 산 가격과 [   ]. 나도 너와 똑같은 것을 샀거든.

☐ 계산해 - 다르네   ☐ 떠올려 - 가깝네   ☐ 고민해 - 대신하네

02 밑줄 그은 어휘와 뜻이 비슷한 어휘로 알맞은 것은?

민지와 나는 약 30분 동안 이야기를 나누었다.

① 순간   ② 딱히   ③ 엄청
④ 대략   ⑤ 조금

03 밑줄 그은 말과 뜻이 비슷한 어휘를 골라 ○표를 하시오.

준이는 이 정도 양의 물로는 통을 다 채우지 못할 것이라고 대강 짐작하였다.

믿었다   확신하였다   의심하였다   어림하였다

04 '계(計)' 자가 들어간 보기의 어휘 중 빈칸에 알맞은 어휘를 골라 쓰시오.

보기

시계(時計)   합계(合計)

1 혜수와 지희가 산 빵 값의 [   ]는 얼마일까요?

└→ 한데 합하여 계산하다.

2 언니는 선물 받은 [   ]가 마음에 든다며 하루 종일 차고 다녔다.

└→ 시간을 재거나 시각을 나타내는 기계를 통틀어 이르는 말

05 밑줄 그은 어휘의 뜻을 보기에서 골라 그 기호를 쓰시오.

보기

계산하다

ⓐ 수를 헤아리다.
  예 오늘 가게에서 쓴 돈이 얼마인지 계산하다.
ⓑ 값을 치르다.
  예 삼촌이 내가 산 장난감을 계산하다.

1 이번 달 용돈이 얼마나 남았는지 계산했다. (   )

2 오늘 산 간식은 세뱃돈을 많이 받은 친구가 모두 계산했다. (   )

06 보기를 보고, 빈칸에 들어갈 알맞은 어휘를 골라 ○표를 하시오.

보기

다르다   비교가 되는 두 대상이 서로 같지 않다.
  예 형과 나는 성격이 다르다.

틀리다   셈이나 사실 따위가 그르게 되거나 어긋나다.
  예 꼼꼼하게 계산했다고 생각했는데 답이 틀리다.

1 맞춤법이 (다른 | 틀린) 어휘를 찾아보시오.

2 새로 산 모자는 네 것과 전혀 (다른 | 틀린) 것이다.

3 이 시는 읽을 때마다 느낌이 조금씩 (다르다 | 틀리다).

07 밑줄 그은 말의 뜻으로 알맞은 것은?   [✎   ]

이 동화에 등장하는 여우는 호랑이 앞에서는 호랑이를 칭찬하면서 호랑이가 없는 곳에서는 호랑이를 흉보고, 속으로 호랑이를 싫어하는 겉과 속이 다른 인물이다.

① 겉이 훌륭하면 내용도 그만큼 좋다.
② 말의 내용에 심각한 뜻이 담겨 있다.
③ 어리석은 듯 하지만 자신의 실속을 차리다.
④ 겉으로 드러나는 모양만 봐도 속까지 알 수 있다.
⑤ 속으로는 안 좋게 생각하면서 겉으로는 좋은 것처럼 꾸며 행동하다.

정답과 해설 11쪽

08~10 다음 글을 읽고, 물음에 답하시오.

수학 측정

'시각'과 '시간'은 어떻게 다를까요? '시각'은 시간의 어느 한 지점을 말하고, '시간'은 어떤 시각에서 어떤 시각까지의 사이를 말합니다. 공부를 시작한 '시각'이 4시이고, 공부를 마친 '시각'이 5시이면, 공부를 한 '시간'은 1시간입니다. 시계를 보는 방법을 알면 알고 싶은 시간을 계산할 수 있습니다. 시계에서 짧은바늘을 보면 '시', 긴바늘을 보면 '분'을 알 수 있습니다. 시계는 작은 눈금 60칸으로 이루어져 있고, 작은 눈금 5칸마다 1, 2, …… 11, 12의 숫자가 적혀 있습니다. 긴바늘이 작은 눈금 한 칸을 가는 동안 걸리는 시간은 1분입니다. 우리가 마음속으로 1부터 60까지 일정하게 센다면 약 1분 정도의 시간을 어림할 수 있습니다. 긴바늘이 시계를 한 바퀴, 즉 작은 눈금 60칸을 가는 동안 걸리는 시간은 60분입니다. 이때 짧은바늘은 숫자 한 칸만큼 움직이므로 1시간은 60분입니다.

8시 15분

08 이 글의 핵심 내용을 파악하여 빈칸에 들어갈 알맞은 어휘를 쓰시오.

{ ☐☐ 과 시간의 차이와 시계를 보는 방법 }

09 이 글의 내용으로 알맞지 <u>않은</u> 것은? [✎]

① 1시간은 60분이다.
② 시계의 긴바늘은 '분'을 알려 준다.
③ 시계의 짧은바늘은 '시'를 알려 준다.
④ 긴바늘이 작은 눈금 한 칸을 가는데 1시간이 걸린다.
⑤ 시간은 어떤 시각에서 어떤 시각까지의 사이를 가리킨다.

10 '시각'과 '시간' 중 빈칸에 공통으로 들어갈 알맞은 어휘를 쓰시오.

엄마: 효주야, 숙제하는데 ☐☐☐ 이 얼마나 걸렸니?

효주: 3시 30분에 시작해서 5시에 끝났어요.

엄마: 숙제하는데 1☐☐☐ 30분 걸렸구나.

[✎]

국어 쓰기

07 이야기 속 인물의 마음

줄거리

중심이 되는 간추린 내용

항상 욕심을 부리는 욕심쟁이 친구가 있었어요. 하나만...

욕심쟁이

욕심이 많은 사람

이 이야기의 줄거리를 파악해 보자.

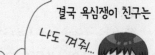

결국 욕심쟁이 친구는 ……

나도 껴줘...

파악

| 잡다 | 파 把 |
| 쥐다 | 악 握 |

어떤 대상의 내용이나 본래의 성질을 확실하게 이해하여 알다.

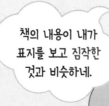

책의 내용이 내가 표지를 보고 짐작한 것과 비슷하네.

짐작

| 헤아리다 | 짐 斟 |
| 헤아리다 | 작 酌 |

사정이나 형편 따위를 어림잡아 생각하다.

정답과 해설 12쪽

01 빈칸에 공통으로 들어갈 알맞은 어휘를 쓰시오.

> • 어제 읽은 책의 ㅈ ㄱ ㄹ 는 조금 지루했다.
>
> • 이 영화는 내가 예전에 보았던 영화와 ㅈ ㄱ ㄹ 가 비슷하다.

[✎   ]

02 밑줄 그은 부분에 들어갈 어휘로 알맞은 것은?   [✎   ]

> 지훈: 내 동생이 장난감을 다 가져갔어. 자기 혼자만 장난감을 가지고 놀려고 해.
> 송이: 네 동생은 갖고 싶은 건 다 가져야 하는 _____구나.

① 겁쟁이   ② 멋쟁이   ③ 변덕쟁이
④ 수다쟁이   ⑤ 욕심쟁이

03 빈칸에 '짐작하다'를 쓸 수 <u>없는</u> 문장의 기호를 쓰시오.

> ㉠ 그 사람의 얼굴을 보고 나이를 [   ].
>
> ㉡ 엄마는 내가 식탁 위의 과자를 먹었다고 [   ].
>
> ㉢ 사고가 났지만 할아버지는 서두르지 않고 [   ].
>
> ㉣ 나는 친구의 말을 듣고 어제 있었던 일을 대강 [   ].

[✎   ]

04 밑줄 그은 어휘와 뜻이 비슷한 어휘를 골라 ○표를 하시오.

> 예지는 언니의 설명을 듣고 책의 내용을 <u>파악했다</u>.

골랐다   이해했다   관찰했다

05 보기를 보고, 괄호 안에서 알맞은 어휘를 골라 ○표를 하시오.

> **보기**
>
> | **-장이** | 어떠한 기술을 가지고 있는 사람 |
> | | 예 간판장이: 간판을 그리거나 만들어 파는 일을 직업으로 하는 사람 |
> | **-쟁이** | 어떤 성질을 많이 가지고 있는 사람 |
> | | 예 겁쟁이: 겁이 많은 사람 |

1 우리 형은 나에게 간식을 나눠 주지 않는 (욕심장이 | 욕심쟁이)이다.

2 우리 할아버지는 오랫동안 양복을 만드신 (양복장이 | 양복쟁이)이시다.

3 예지는 멋 부리기를 좋아해서 우리 반 (멋장이 | 멋쟁이)로 소문이 나 있다.

06 밑줄 그은 말의 뜻으로 알맞은 것은? [✎   ]

> 박 씨는 눈앞에 있는 금은보화를 보자 <u>욕심이 앞을 가려</u> 보물을 훔치고 말았다.

① 눈에 띄다.
② 욕심을 버리다.
③ 욕심대로 이루어지지 않다.
④ 갑자기 눈이 보이지 않게 되다.
⑤ 욕심 때문에 제대로 판단하지 못하다.

07 다음 속담을 사용할 상황으로 알맞은 것은? [✎   ]

> **떡 줄 사람은 꿈도 안 꾸는데 김칫국부터 마신다**
>
> 해 줄 사람은 생각지도 않는데 미리부터 다 된 일로 짐작하고 행동한다는 뜻이다.

① 규진이가 갑자기 예정에 없던 시험을 보게 된 상황
② 나리가 벌에 쏘인 뒤로 다른 곤충도 무서워하는 상황
③ 민호와 주혜의 줄넘기 실력이 크게 다를 것 없이 비슷한 상황
④ 현지가 엄마의 허락도 받지 않고 친구네 집에 놀러갈 계획을 짠 상황
⑤ 은서네 모둠이 서로 자기 말대로 하자고 하다가 아무것도 하지 못한 상황

08~10 다음 글을 읽고, 물음에 답하시오. 국어 쓰기

> 선생님: 저번 시간에 「흥부전」을 읽었죠? 이번 시간에는 이 이야기 속 인물에게 편지를
> 쓸 거예요. 편지를 쓰려면 인물의 마음이 어떨지 짐작해 봐야 해요.
>
> 지수: 선생님, 인물의 마음을 짐작하려면 어떻게 해야 하나요?
>
> 선생님: 먼저 이야기의 줄거리를 파악하여 인물에게 일어난 일을 알아야 해요. 이야기 속
> 에 인물의 마음이 드러나는 표현이 있는지도 찾아보세요. 이야기에 그림이 있다
> 면 그림 속 인물의 모습과 표정도 살펴보세요.
>
> 지수: 선생님, 저는 재산을 다 가져간 욕심쟁이 놀부 때문에 힘들게 지내는 흥부에게 편
> 지를 쓰고 싶어요.
>
> 선생님: 그렇다면 흥부에게 어떤 일이 일어났는지, 그 때 흥부의 마음은 어땠을지 생각하
> 며 흥부에게 하고 싶은 말을 편지로 써 보세요.

08 이 글의 핵심 내용을 파악하여 빈칸에 들어갈 알맞은 말을 쓰시오.

{ 이야기 속 인물의 마음을 짐작하며 ☐☐ 쓰기 }

09 이야기 속 인물의 마음을 짐작하는 방법으로 알맞지 <u>않은</u> 것은?   [✎   ]

① 이야기의 줄거리를 파악한다.
② 인물에게 일어나지 않은 일을 상상한다.
③ 인물의 마음이 드러난 표현을 찾아본다.
④ 그림 속 인물의 모습과 표정을 살펴본다.
⑤ 인물에게 어떤 일이 일어났는지 알아본다.

10 지수가 편지를 쓰기 위해 생각할 점을 골라 ✓표를 하시오.

☐ 흥부에게 일어난 일
☐ 「흥부전」을 지은 사람
☐ 「흥부전」을 읽은 날짜

사회 생활

08 물놀이를 해요

먼저 몸에
물을 적셔야지.

적시다

물 따위의 액체를 묻혀 젖
게 하다.

보호자

지키다	보 保
지키다	호 護
사람	자 者

어떤 사람을 위험이 미치지
않도록 보살필 책임을 가지
고 있는 사람

안전 규칙을 지키지 않아
물에 빠지면 우리가
구조해야 해.

구조

| 돕다 | 구 救 |
| 돕다 | 조 助 |

재난 따위를 당하여 어려운
처지에 빠진 사람을 구해 주
다.

규칙

| 법 | 규 規 |
| 법 | 칙 則 |

여러 사람이 다 같이 지키기
로 결정한 법칙. 또는 정해
진 질서

01 빈칸에 들어갈 알맞은 말을 쓰시오.

- 심판은 바뀐 경기 ① [ㄱ][ㅊ] 에 맞추어 판정을 내렸다.

- 어린이는 ② [ㅂ][ㅎ][ㅈ] 와 함께 이 공연을 보아야 한다.

① [✎   ]　　② [✎   ]

02 보기 에서 다음 문장에 들어갈 어휘를 골라 쓰시오.

보기
적시다　　　구조하다

1 안전요원이 물에 빠진 사람을 [   ].

2 힘든 운동을 하자 땀이 흘러 옷을 [   ].

03 밑줄 그은 어휘와 뜻이 비슷한 어휘를 골라 ○표를 하시오.

열이 나자 엄마가 수건에 물을 축여 이마에 올려주셨다.

적셔　　　　말려　　　　녹여　　　　버텨

04 '조(助)' 자가 들어간 보기 의 어휘 중 빈칸에 알맞은 어휘를 골라 쓰시오.

보기
조언(助言)　　　조수(助手)

1 그 사람은 요리사를 돕는 [   ] 로 일한다.
　　　↳ 어떤 책임자 밑에서 그 일을 도와주는 사람

2 은지는 나에게 도움이 되는 [   ] 을 해 줬다.
　　　↳ 말로 거들어서 깨우쳐 주어서 도움. 또는 그 말

05 보기를 보고, 빈칸에 들어갈 알맞은 어휘를 쓰시오.

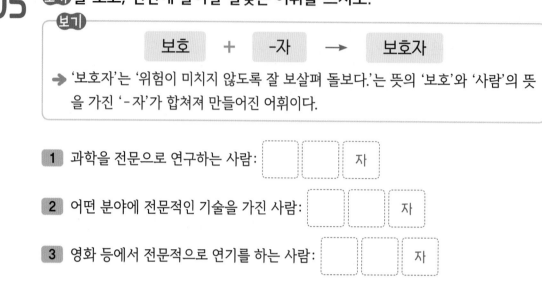

> **보기**
>
> 보호 + -자 → 보호자
>
> ➜ '보호자'는 '위험이 미치지 않도록 잘 보살펴 돌보다.'는 뜻의 '보호'와 '사람'의 뜻을 가진 '-자'가 합쳐져 만들어진 어휘이다.

1 과학을 전문으로 연구하는 사람: ☐ ☐ 자

2 어떤 분야에 전문적인 기술을 가진 사람: ☐ ☐ 자

3 영화 등에서 전문적으로 연기를 하는 사람: ☐ ☐ 자

06 보기와 같은 관계의 어휘끼리 묶인 것은? [✎]

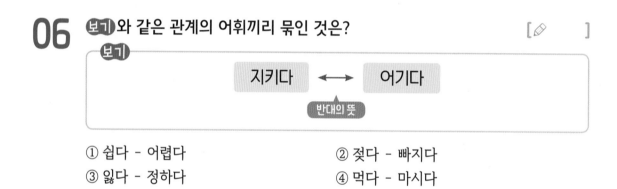

> **보기**
>
> 지키다 ←→ 어기다
>
> 반대의 뜻

① 쉽다 - 어렵다   ② 젖다 - 빠지다

③ 잃다 - 정하다   ④ 먹다 - 마시다

⑤ 사라지다 - 없어지다

07 밑줄 그은 속담의 뜻으로 알맞은 것은? [✎]

> 동생이 나에게 그림 그리는 숙제를 도와달라고 했다. 나는 동생을 도와서 열심히 그림을 그렸다. 하지만 동생은 내가 색칠한 부분이 마음에 들지 않는다면서 투덜거렸다. "물에 빠진 놈 건져 놓으니까 내 봇짐 내라 한다"라는 말이 있다더니 동생의 행동이 딱 그렇다.

① 처지를 바꾸어서 생각해 본다는 말
② 버린 물건을 이용해서 이익을 본다는 말
③ 아무도 안 듣는 데서라도 말조심해야 한다는 말
④ 운 좋은 기회에 하려고 했던 일을 해치운다는 말
⑤ 남의 도움을 받고서 고마움을 모르고 트집을 잡는다는 말

08~10 다음 글을 읽고, 물음에 답하시오. **사회 생활**

더운 여름이 되면 바다나 강에서 물놀이를 합니다. 안전하게 물놀이를 하기 위해서는 꼭 지켜야 할 규칙이 있습니다. 물에 들어가기 전에는 반드시 준비 운동을 해야 합니다. 준비 운동을 한 후 물에 들어갈 때는 심장에서 먼 부분인 다리부터 물을 적셔야 합니다. 물놀이를 할 때는 물이 얕은 곳에서 해야 하며 보호자가 지켜볼 수 있는 곳에 머물러야 합니다. 물에서 놀다가 춥다고 느껴지면 물에서 나와 몸을 따뜻하게 해 주고 쉬어야 합니다. 만약 물놀이를 하다가 물에 빠진 사람을 보게 되면 어떻게 해야 할까요? 그럴 때는 혼자 구조하려고 하지 말고 주위에 소리쳐서 알리고 119에 곧바로 신고해야 합니다. 이와 같은 규칙을 지키면 즐겁고 안전하게 물놀이를 할 수 있습니다.

08 이 글의 핵심 내용을 파악하여 빈칸에 들어갈 알맞은 말을 쓰시오.

물놀이를 할 때 지켜야 할 ☐ ☐

09 물놀이를 할 때 지켜야 할 점이 <u>아닌</u> 것은? [✎]

① 물이 얕은 곳에서 물놀이를 한다.
② 물놀이를 하기 전에 준비 운동을 한다.
③ 다리부터 물을 적신 후 물에 들어간다.
④ 물에서 놀다가 추운 느낌이 들면 물에서 나온다.
⑤ 보호자가 보이지 않는 곳에서 자유롭게 물놀이를 한다.

10 주변 사람이 물에 빠졌을 때의 행동으로 알맞은 것은? [✎]

① 물에 바로 뛰어들어 구한다.
② 보호자가 알지 못하도록 숨긴다.
③ 사람을 구한 후에 119에 신고한다.
④ 물에 빠진 사람이 있다고 소리친다.
⑤ 주위 사람들이 알지 못하게 조용히 구조한다.

과학 생물

09 동물들의 겨울잠

> 양이 조금 부족하네. 양을 늘려야겠어.

> 파란색 액체의 양을 조절해서 보라색 액체를 만들자.

조절

고르다	조 調
알맞은 정도	절 節

균형이 맞게 바로잡거나 또는 적당히 맞추어 나가다.

부족

아니다	부 不
넉넉하다	족 足

필요한 양이나 기준에 미치지 못해 충분하지 않다.

> 체온이 너무 높아요.

> 때때로 몸이 떨려요.

체온

몸	체 體
따뜻하다	온 溫

사람이나 동물이 가지고 있는 온도

때때로

경우에 따라서 가끔

정답과 해설 14쪽

어휘를 넓혀요

01 빈칸에 공통으로 들어갈 알맞은 어휘를 쓰시오.

> 지수: 요리를 할 때 필요한 물이 ㅂ ㅈ 하네.
>
> 희찬: 그럼 물을 조금 더 받아서 ㅂ ㅈ 한 양을 채울게.

[　　　　　]

02 빈칸에 '때때로'를 쓸 수 <u>없는</u> 문장의 기호를 쓰시오.

> ㉠ 형은 [　　　] 나에게 용돈을 준다.
>
> ㉡ 우리는 [　　　] 매일 밤마다 잠을 잔다.
>
> ㉢ 엄마는 [　　　] 특별한 간식을 만들어 주신다.
>
> ㉣ 공원에서는 [　　　] 주민들을 위한 공연을 연다.

[　　　　　]

03 밑줄 그은 말과 뜻이 비슷한 어휘로 알맞은 것은?

> 식물이 잘 자라기 위해서는 실내 온도를 알맞게 <u>맞추어야</u> 합니다.

① 고쳐야 　　　② 줄여야 　　　③ 조절해야

④ 조심해야 　　　⑤ 조사해야

04 '체(體)' 자가 들어간 보기의 어휘 중 빈칸에 알맞은 말을 골라 쓰시오.

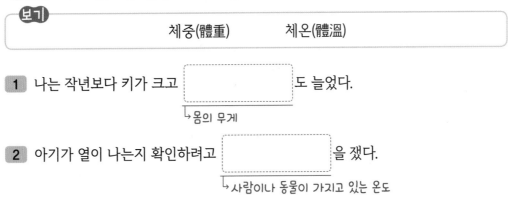

> 보기
>
> 체중(體重) 　　　체온(體溫)

1 나는 작년보다 키가 크고 [　　　　　]도 늘었다.
　　　　　　　　　　　　　↳몸의 무게

2 아기가 열이 나는지 확인하려고 [　　　　]을 쟀다.
　　　　　　　　　　　　　　　　↳사람이나 동물이 가지고 있는 온도

05 보기를 보고, 밑줄 그은 어휘 중 알맞게 사용하지 <u>않은</u> 것에 ✓표를 하시오.

> **보기**
>
> | 때 | 시간의 어떤 순간이나 부분 예 방학 때 여행을 간다. |
> | 때로 | 경우에 따라서 예 때로 실수할 수도 있다. |
> | 때때로 | 경우에 따라서 가끔 예 때때로 멀리 이사 간 친구가 생각난다. |

☐ 엄마는 가볼 <u>때</u>가 있다고 밖으로 나가셨다.

☐ 은서는 <u>때로</u> 동생이 생기기를 바라기도 한다.

☐ 영우와 영지는 <u>때때로</u> 싸우다가도 곧 화해한다.

06 보기와 같이 밑줄 그은 어휘를 고쳐 쓰시오.

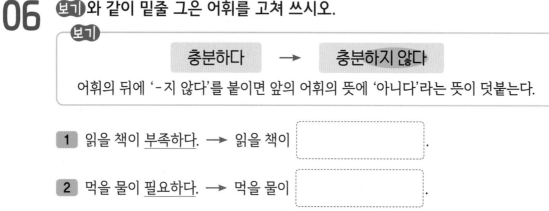

> **보기**
>
> 충분하다 → 충분하지 않다
>
> 어휘의 뒤에 '-지 않다'를 붙이면 앞의 어휘의 뜻에 '아니다'라는 뜻이 덧붙는다.

1 읽을 책이 <u>부족하다</u>. → 읽을 책이 [   ].

2 먹을 물이 <u>필요하다</u>. → 먹을 물이 [   ].

07 다음 한자 성어를 사용할 상황으로 알맞은 것은?　[✎　　]

> **과유불급**　과(過) 지나치다　유(猶) 오히려　불(不) 아니다　급(及) 미치다
>
> 　정도를 지나치는 것은 부족한 것보다 못하다는 뜻이다. 지나치거나 모자라지 않고 한쪽으로 치우치지도 않는 상태가 중요하다는 뜻의 한자 성어이다.

① 동생이 잠이 덜 깨서 정신이 없는 상황

② 엄마가 형과 나에게 준 간식이 비슷한 상황

③ 수호가 선생님의 질문에 엉뚱한 대답을 하는 상황

④ 찬은이가 운동을 무리하게 해서 몸이 아파 힘든 상황

⑤ 서희가 일어나지도 않은 일을 상상하며 걱정하는 상황

08~10 다음 글을 읽고, 물음에 답하시오.

동물들은 춥고 먹을 것이 부족한 겨울이 오면 어떻게 생활할까요? 곰, 뱀, 개구리 등의 동물은 겨울에 잠을 잡니다. 겨울잠을 자면 움직이지 않아 에너지를 조금만 쓰기 때문에 배가 고프지 않습니다. 또한 자는 동안 체온도 유지할 수 있습니다. 곰은 먹이를 많이 먹은 후에 겨울잠을 자는데, 날씨가 조금 따뜻해지면 때때로 깨어나 먹이를 먹기도 합니다. 개구리나 뱀은 체온을 조절하는 능력이 없습니다. 그래서 겨울에는 땅 속으로 들어가 체온이 내려가는 것을 막고, 봄이 올 때까지 한 번도 깨지 않고 겨울잠을 잡니다. 고슴도치, 너구리, 다람쥐, 거북 등도 겨울잠을 자면서 추운 겨울을 견뎌냅니다.

08 이 글의 핵심 내용을 파악하여 빈칸에 들어갈 알맞은 말을 쓰시오.

{ ☐☐☐ 을 자는 동물들 }

09 이 글의 내용으로 알맞은 것에 ○표, **틀린** 것에는 ✕표를 하시오.

1 겨울잠을 잘 때는 체온이 많이 내려간다. (   )

2 개구리는 한 번도 깨지 않고 겨울잠을 잔다. (   )

3 겨울잠을 자는 동안에는 에너지를 조금 쓴다. (   )

4 곰은 겨울잠을 자기 전에 먹이를 많이 먹는다. (   )

10 뱀이 겨울잠을 자는 까닭으로 알맞은 것은?   [✎   ]

① 땅 속에 먹을 것이 많아서

② 다른 동물이 겨울잠을 자서

③ 따뜻할 때에는 잠을 자지 못해서

④ 체온이 내려가는 것을 막기 위해서

⑤ 날씨가 따뜻하면 먹을 것이 없어서

10 할아버지께 말해요

국어 문법

주무시다

'자다'의 높임말

진지

'밥'의 높임말

할아버지, 주무시나요?
진지 드세요.

된장찌개 만드는
법을 여쭈어보려고요.

계시다

'있다'의 높임말

여쭈어보다

'물어보다'의 높임말

어휘를 넓혀요

정답과 해설 15쪽

01 빈칸에 들어갈 알맞은 어휘를 쓰시오.

> 미주: 엄마, 지금 저녁 먹어요? 제가 할아버지한테 밥 먹으라고 말하고 올게요.
>
> 엄마: 미주야, 할아버지께는 존댓말을 써야지. 할아버지께 가서 ㅈ ㅈ 드시라
> ↳ '밥'의 높임말
> 고 해라.

[✐　　]

02 밑줄 그은 어휘를 높임말을 사용하여 바르게 고쳐 쓰시오.

1 할머니께서 밥을 드신다. ➡ [　　　　]

2 할아버지께서 낮잠을 자다. ➡ [　　　　]

03 다음 중 '계시다'를 잘못 사용한 것은?　　　[✐　　]

① 집에는 부모님이 계신다.
② 부모님은 시골에 계신다.
③ 선생님은 교무실에 계신다.
④ 어머니가 먼저 집에 와 계신다.
⑤ 우리 학교는 시내 중심에 계신다.

04 빈칸에 '여쭈어보다'를 쓸 수 없는 문장의 기호를 쓰시오.

> ㉠ 선생님은 내가 묻는 말에 척척 [　　　　].
>
> ㉡ 윤호가 선생님께 문제 풀이 방법을 [　　　　].
>
> ㉢ 동생이 할아버지께 연을 만드는 방법을 [　　　　].
>
> ㉣ 엄마가 가게 주인 할머니께 과일이 얼마냐고 [　　　　].

[✐　　]

05 보기를 보고, 밑줄 그은 말을 바르게 고쳐 쓰시오.

보기

높임 표현

대상을 높이기 위한 표현으로 상대를 공경하는 마음이 담겨 있다.
① 높임의 대상에게 '께'나 '께서'를 사용한다.
   예 할아버지가 오셨어요. → 할아버지께서 오셨어요.
② 높임의 뜻이 있는 특별한 어휘를 사용한다.
   예 밥 → 진지, 나이 → 연세, 생일 → 생신

1 할머니는 <u>나이</u>가 많으시다. ➡ [   ]

2 <u>할아버지가</u> 나에게 선물을 주셨다. ➡ [   ]

3 할아버지의 <u>생일</u>이시라 할아버지께 선물을 드렸다. ➡ [   ]

06 밑줄 그은 부분에 쓸 수 있는 말로 알맞은 것에 ✓표를 하시오.

윤후는 잠을 자려고 침대에 누웠다. 그런데 숙제를 안 한 것이 생각났다. 윤후는 아침에 일어나서 숙제를 해야겠다고 생각했지만 불안한 마음에 잠이 오지 않았다. 결국 윤후는 일어나서 숙제를 하였다. 그제야 윤후는 _____.

☐ 할 말을 잊다   ☐ 첫 단추를 끼우다   ☐ 다리를 뻗고 자다

07 밑줄 그은 속담의 뜻으로 알맞은 것은?   [✎   ]

오늘 학교에서 받아쓰기 시험을 봤다. 열심히 공부한 덕분에 100점을 맞을 수 있었다. 집에 가서 엄마에게 100점을 맞은 시험지를 보여 드렸다. 엄마는 "우리 민지 정말 기특하네. 엄마는 민지 덕분에 <u>밥 안 먹어도 배 부르다.</u>"라고 말씀하셨다.

① 아주 자주 하다.   ② 재물을 많이 차지하다.
③ 오래간만에 밥을 먹다.   ④ 남이 잘되어 심술이 나다.
⑤ 기쁜 일이 있어 만족스럽다.

08~10 다음 글을 읽고, 물음에 답하시오. `국어` `문법`

> 방학이 되어 시골에 계신 할아버지, 할머니를 뵈러 갔습니다. 집에 도착하니 할아버지께서 우리를 반겨 주셨습니다. 할머니의 모습이 보이지 않아 할아버지께 "할머니는 어디 계세요?"라고 여쭈어봤습니다. 할아버지는 할머니가 잠시 주무신다고 말씀하셨습니다. 나는 할아버지와 뒷산에도 가고 곤충도 잡으며 신나게 놀았습니다. 집에 돌아오니 할머니께서 맛있는 저녁을 하고 계셨습니다. 나는 할머니를 도와 식탁에 수저를 놓았습니다. 그리고 밖에서 마당을 치우시던 할아버지께 ㉠"할아버지, 진지 잡수세요."라고 말씀드렸습니다. 온 가족이 식탁에 둘러앉아 저녁을 먹었습니다. 할머니께서 해 주신 된장찌개는 정말 맛있었습니다.

08 이 글의 핵심 내용을 파악하여 빈칸에 들어갈 알맞은 말을 쓰시오.

{ ☐☐ 을 맞아 할아버지, 할머니를 뵈러 간 날 }

09 시골에 가서 글쓴이가 한 일이 __아닌__ 것은? [🖉]

① 뒷산에 갔다.
② 낮잠을 잤다.
③ 곤충을 잡았다.
④ 저녁을 먹었다.
⑤ 식탁에 수저를 놓았다.

10 ㉠을 친구에게 말할 때, 밑줄 그은 말을 바꾸어 쓰시오.

할아버지, 진지 잡수세요. → 친구야, ☐ 먹어.

사회 역사

11 신랑과 신부의 혼례

붓다

액체나 가루 따위를 다른 곳에 담다.

물을 부어야지.

며칠

몇 날

완성하기까지 며칠이나 걸렸어.

맞이하다

남편, 아내, 며느리, 사위 등을 예의를 갖추어 가족의 한 사람으로 되게 하다.

축하해

축하해

새로 가족을 맞이해서 기쁘구나.

축복

| 빌다 | 축 祝 |
| 복 | 복 福 |

행복을 빌다.

01 빈칸에 공통으로 들어갈 알맞은 어휘를 쓰시오.

> 아영: 이 책을 모두 읽으려면 ⬜ㅁ⬜ ⬜ㅊ⬜ 이나 걸릴까?
>
> 지호: 난 내일이면 다 읽을 수 있을 것 같아. 너는 언제?
>
> 아영: 난 너보다 느리게 읽잖아. 나는 ⬜ㅁ⬜ ⬜ㅊ⬜ 더 걸릴 것 같아.

[✎   ]

02 왼쪽 어휘와 뜻이 비슷하지 <u>않은</u> 어휘를 골라 ◯표를 하시오.

| 붓다 | 담다 | 흘리다 | 따르다 |

03 빈칸에 들어갈 어휘로 알맞은 것은?　　　　　[✎   ]

> 옆집 아저씨는 친한 친구의 딸을 며느리로 ⬜⬜⬜⬜ .

① 보냈다　　　　② 믿었다　　　　③ 맞이했다
④ 응원했다　　　⑤ 보살폈다

04 밑줄 그은 말과 뜻이 비슷한 어휘를 골라 ◯표를 하시오.

> 오늘 결혼하는 언니의 행복을 <u>빌었다</u>.

| 바랐다 | 원했다 | 축복했다 | 인사했다 |

05 보기를 보고, 괄호 안에서 알맞은 어휘를 골라 ○표를 하시오.

> 보기
>
> 긋다 ┌ 중요한 어휘에 밑줄을 긋고 문제를 풀어라. (○)
>   └ 중요한 어휘에 밑줄을 그어서 표시해라. (○)
>
> → '긋다'의 받침 'ㅅ'은 뒤에 오는 말에 따라 붙기도 하고 빠지기도 한다. '붓다'의 받침 'ㅅ'도 이와 같다.

1 컵에 물 대신 주스를 가득 (붓어라 | 부어라).

2 요리사는 가마솥에 물을 가득 (붓고 | 부고) 끓였다.

3 밀가루를 너무 많이 (붓어서 | 부어서) 반죽이 빡빡해졌다.

06 밑줄 그은 어휘의 뜻을 보기에서 골라 그 기호를 쓰시오.

> 보기
>
> 며칠 ㉠ 그달의 몇째 되는 날 예 우리 며칠에 만날까?
>   ㉡ 몇 날 예 며칠 동안 친구에게서 전화가 없다.

1 시우의 생일은 <u>며칠</u>이니? (   )

2 지난 <u>며칠</u> 동안 비가 계속 내린다. (   )

07 밑줄 그은 속담의 뜻으로 알맞은 것은?   [✎   ]

> 민지: 엄마, 저 용돈 좀 주세요.
> 엄마: 어제도 줬잖니.
> 민지: 어제 무엇을 좀 샀거든요. 전 돈이 있으면 바로 써 버리는 게 문제예요.
> 엄마: 아무리 용돈을 많이 줘도 소용이 없네. <u>밑 빠진 독에 물 붓기</u>로구나.

① 몹시 안타깝게 기다리다.

② 선택을 해야 하는 위치에 놓이다.

③ 번번이 알면서도 속거나 손해를 보다.

④ 말이나 행동을 몹시 이랬다저랬다 하다.

⑤ 아무리 힘을 들여도 보람 없는 일이 되다.

다음 글을 읽고, 물음에 답하시오.　　　　　　　　　　　　　　　 사회 역사

> 　옛날 우리 조상들은 결혼을 '혼례'라고 불렀습니다. 혼례는 여러 과정을 거치는데, 혼례의 과정 중에서 신랑과 신부가 처음 만나 식을 치르는 것을 '초례'라고 합니다. 그리고 초례를 치르는 곳을 '초례청'이라고 합니다. 초례청은 주로 신부 집의 마당에 세웠습니다. 신랑은 부인으로 맞이할 신부의 집에 나무 기러기를 가지고 갔습니다. 기러기에는 부부가 되는 것을 축복하고 부부가 오래오래 함께하기를 바라는 의미가 담겨 있었습니다. 신랑과 신부는 초례청에서 잔에 술을 부어 나누어 마시고, 절을 주고받았습니다. 초례를 마친 뒤 신랑과 신부는 며칠 동안 신부 집에 머물렀습니다. 그 후에 두 사람이 함께 신부 집에서 신랑 집으로 가는데 이를 '신행'이라고 합니다. 신랑의 집에 도착하면 신부가 신랑의 부모님께 첫인사를 드리는데 이를 '폐백'이라고 합니다.

08 이 글의 핵심 내용을 파악하여 빈칸에 들어갈 알맞은 말을 쓰시오.

{ 　우리 조상들의 결혼인 ☐☐ 　}

09 신랑과 신부가 처음 만나서 식을 치르는 것을 부르는 말은?　　[✎　　]

① 결혼　　　　　　② 혼례　　　　　　③ 초례
④ 신행　　　　　　⑤ 폐백

10 조상들의 혼례에 대한 설명으로 알맞지 않은 것에 ✓표를 하시오.

☐ 신랑과 신부는 술을 부어 나누어 마셨다.

☐ 신랑은 오래오래 함께하자는 의미로 나무 기러기를 주었다.

☐ 초례를 마친 신랑과 신부는 며칠 동안 신랑의 집에 머물렀다.

12

과학 생물

날개를 쓰는 방법

순간

눈 깜짝이다	순	瞬
사이	간	間

어떤 일이 일어난 바로 그때. 또는 두 사건이나 행동이 거의 동시에 이루어지는 바로 그때

재빠르다

동작 따위가 빠르다.

쌍

쌍	쌍 雙

둘을 하나로 묶어 세는 단위

버티다

무게 따위를 견디다.

어휘를 넓혀요

01 빈칸에 공통으로 들어갈 알맞은 어휘를 쓰시오.

> • 언니는 신랑 신부 인형 한 ㅆ 을 선물 받았다.
>
> • 제비 한 ㅆ 이 나무에 둥지를 틀고 알을 낳았다.

[✐   ]

02 빈칸에 '순간'을 쓸 수 <u>없는</u> 문장의 기호를 쓰시오.

> ㉠ 내가 공을 차려는 [   ] 골키퍼가 공을 잡았다.
>
> ㉡ 이순신 장군의 업적은 역사에 [   ] 기록될 것이다.
>
> ㉢ 지유의 말을 듣는 [   ] 숙제를 안 한 것이 생각났다.
>
> ㉣ 자전거가 내 쪽으로 오는 [   ] 놀라서 몸을 움직일 수 없었다.

[✐   ]

03 밑줄 그은 어휘와 뜻이 반대인 어휘를 골라 ○표를 하시오.

> 엄마의 말을 들은 동생이 <u>재빠르게</u> 움직였다.

거칠게   느리게   조용하게   조심스럽게

04 밑줄 그은 어휘와 뜻이 비슷한 어휘로 알맞은 것은?   [✐   ]

> 이렇게 많은 책의 무게를 책상이 <u>견디지</u> 못할 것이다.

① 끌지   ② 덜지   ③ 이루지
④ 버티지   ⑤ 나가지

05 보기를 보고, 밑줄 그은 말을 바르게 띄어 쓰시오.

> 보기
>
> '쌍, 명, 마리' 등 무엇을 세는 단위를 나타내는 말은 앞말과 띄어 씁니다.
>
> 예 잠자리 한쌍이 날아들었다.
>
> ↳ | 한 | | 쌍 |

1 우리는 여섯명이 모여 한 모둠을 이루었다.

↳ | | | | |

2 시윤이네는 강아지를 다섯마리나 키운다.

↳ | | | | | |

06 단위를 나타내는 말과 그 말이 들어갈 문장을 선으로 바르게 이으시오.

1 대 •   • ㉠ 자동차 한 [   ]가 지나간다.

2 벌 •   • ㉡ 겨울에 신을 신발을 세 [   ] 샀다.

3 켤레 •   • ㉢ 생일 때 입을 옷이 두 [   ]이나 있다.

07 밑줄 그은 말의 뜻으로 알맞은 것은?   [✎   ]

> 학교에서 체험 학습으로 케이크를 만드는 곳에 갔다. 우리는 두 명이 한 쌍을 이루어 케이크를 만들었다. 나와 내 짝이 반도 만들기 전에 유나와 그 짝이 다 만들었다고 손을 들었다. 유나가 손이 빨라서 케이크를 빨리 만든 것이다.

① 하던 일을 그만두다.   ② 일하는 것이 빠르다.

③ 일하는 것이 꼼꼼하다.   ④ 일하는 동작이 매우 느리다.

⑤ 할 일이 없어서 아무 일도 안 하다.

08~10 다음 글을 읽고, 물음에 답하시오.

나비, 벌, 잠자리와 같은 곤충들은 날개를 써서 하늘을 날아다닙니다. 곤충의 날개는 대부분 두 쌍입니다. 곤충의 날개는 종이처럼 아주 얇고, 자세히 살펴보면 사람의 핏줄처럼 가느다란 줄이 날개 전체에 있습니다. 이 가느다란 줄들은 비행을 할 때 날개에 작용하는 힘을 버틸 수 있는 모양으로 되어 있습니다. 곤충은 날개를 재빠르게 위, 아래, 앞, 뒤 방향으로 움직입니다. 날개를 파닥거리면 날개 주위에 공기의 소용돌이가 생기고, 이 소용돌이가 곤충을 날 수 있게 합니다. 대부분의 곤충들은 공기의 소용돌이를 만들기 위해 앞날개와 뒷날개를 함께 움직입니다. 하지만 잠자리는 앞날개와 뒷날개를 번갈아 가며 움직입니다. 그래서 다른 곤충과 달리 ㉠앞뒤로 자유롭게 날고, 공중에서 멈춘 순간에도 갑자기 빠르게 움직일 수 있습니다.

08 이 글의 핵심 내용을 파악하여 빈칸에 들어갈 알맞은 말을 쓰시오.

{ ☐☐ 이 날개를 써서 하늘을 나는 방법 }

09 곤충의 날개에 대한 설명으로 맞는 것에 ○표, 틀린 것에는 ✕표를 하시오.

1 아주 얇다. (   )

2 대부분 두 쌍이다. (   )

3 소용돌이 모양의 줄들이 있다. (   )

10 잠자리가 ㉠처럼 날 수 있는 까닭으로 알맞은 것은? [✎   ]

① 날개의 수가 많아서

② 날개가 크고 튼튼해서

③ 날개를 천천히 움직여서

④ 앞뒤 날개를 한꺼번에 파닥거려서

⑤ 앞뒤 날개를 번갈아 가며 움직여서

13 이 반찬이 좋아요

수학 자료

참고

참여하다	참 參
생각하다	고 考

살펴서 도움이 될 만한 재료로 삼다.

합계

합하다	합 合
계산하다	계 計

한데 합하여 계산하다. 또는 그런 수

참고 자료

학생들이 좋아하는 과목을 조사하여 표로 나타냈습니다.

학생들이 좋아하는 과목

과학

수학   국어

합계 100

조사

고르다	조 調
조사하다	사 査

어떤 내용을 알기 위하여 자세히 살펴보거나 찾아보다.

나타내다

생각이나 느낌 따위를 글, 그림, 음악 따위로 드러내다.

어휘를 넓혀요

01 빈칸에 들어갈 알맞은 어휘를 쓰시오.

> 시은: 과자 1개, 사탕 1개 주세요.
>
> 계산원: 두 물건 가격의 ㅎ ㄱ 는 3,000원입니다.

[✐]

02 빈칸에 '참고'를 쓸 수 <u>없는</u> 문장의 기호를 쓰시오.

> ㉠ 그 가수는 자신의 느낌을 노래로 [　　　　]한다.
>
> ㉡ 선생님이 주신 책을 [　　　　]로 해서 공부하였다.
>
> ㉢ [　　　　]할 자료가 없어서 숙제를 하기 어려웠다.

[✐]

03 밑줄 그은 어휘와 뜻이 비슷한 어휘로 알맞은 것은?　[✐]

> 경찰은 교통사고의 원인을 <u>조사하였다</u>.

① 알아내었다　　　② 이용하였다　　　③ 상상하였다
④ 살펴보았다　　　⑤ 궁금해하였다

04 빈칸에 쓸 수 있는 어휘를 보기에서 골라 쓰시오.

> **보기**
>
> 나타내다　　　참고하다　　　조사하다

1 친구가 추천해 준 책을 국어 공부에 [　　　　].

2 민서는 부모님을 사랑하는 마음을 시로 [　　　　].

3 민지네 모둠이 도서관에서 숙제에 필요한 자료를 [　　　　].

어법+표현 다져요

05 밑줄 그은 어휘가 어떤 뜻으로 쓰였는지 골라 선으로 바르게 이으시오.

1 음악가는 자신의 감정을 음악으로 <u>나타냈다</u>. •

2 내 짝꿍은 강아지를 보자마자 관심을 <u>나타냈다</u>. •

3 사라졌던 마술사가 다시 사람들 앞에 그 모습을 <u>나타냈다</u>. •

• ㉠ 보이지 않던 어떤 대상이 모습을 드러내다.

• ㉡ 생각이나 느낌 따위를 글, 그림, 음악 따위로 드러내다.

• ㉢ 겉으로 드러나지 않는 마음을 얼굴, 몸, 행동 따위로 드러내다.

06 밑줄 그은 말의 뜻으로 알맞은 것은?

[✎   ]

임금님은 귀가 당나귀 귀처럼 커져 버리자 귀를 감추는 큰 모자를 썼다. 임금님은 자신의 모자를 만드는 사람에게
"내 비밀을 <u>입 밖에 내면</u> 너에게 큰 벌을 내릴 것이다."라고 말했다.

① 놀라서 말이 나오지 않다.
② 여러 사람이 같은 말을 하다.
③ 너무 여러 번 들어서 듣기가 싫다.
④ 어떤 생각이나 사실을 말로 드러내다.
⑤ 매우 심하여 말로는 차마 설명할 수 없다.

07 다음 한자 성어를 알맞게 사용하지 <u>않은</u> 문장에 ✓표를 하시오.

타산지석 타(他) 다르다 산(山) 뫼 지(之) ~의 석(石) 돌

다른 산에 있는 좋지 않은 돌이라 해도 내가 가지고 있는 보석을 다듬는 데 도움이 될 수 있다는 뜻이다. 즉, 다른 사람의 잘못된 행동이나 태도도 나를 바로잡는 데 도움이 될 수 있음을 뜻하는 한자 성어이다.

☐ 두 선수의 실력이 <u>타산지석</u>이라서 쉽게 1등을 가릴 수 없다.

☐ 다른 사람의 올바르지 않은 태도에서 <u>타산지석</u>의 교훈을 얻었다.

☐ 그의 잘못된 행동을 <u>타산지석</u>으로 삼아 나는 그런 짓을 하지 않겠다.

정답과 해설 18쪽

08~10 다음 글을 읽고, 물음에 답하시오. 수학 자료

영양사 선생님은 학생들이 건강하게 생활하도록 영양이 풍부하고 맛있는 점심을 만들기 위해 노력합니다. 영양사 선생님은 점심 급식을 준비할 때 참고할 자료를 만들기로 하였습니다. 우선 달걀말이, 오이무침, 잡채, 김 중에서 학생들이 좋아하는 반찬이 무엇인지를 조사해 보았습니다. 먼저 2학년 1반을 조사하였습니다. 2학년 1반 학생들 중에서 달걀말이를 좋아하는 학생이 5명, 오이무침을 좋아하는 학생이 3명, 잡채를 좋아하는 학생이 5명이었습니다. 2학년 1반 학생의 합계가 20명일 때, 이를 표로 나타내 보고, 김을 좋아하는 학생의 수를 써 보세요.

08 이 문제에서 묻고 있는 내용을 쓰시오.

{ ☐을 좋아하는 학생의 수 }

09 2학년 1반 학생이 좋아하는 반찬별 학생 수를 표로 나타내어 보시오.

〈좋아하는 반찬별 2학년 1반 학생 수〉

좋아하는 반찬	달걀말이	오이무침	잡채	김	합계
학생 수(명)	☐	☐	☐	☐	20

10 가장 많은 학생이 좋아하는 반찬은 무엇인지 쓰시오.

[✎]

사회 지역

14 농촌에서 하는 일

평평하다

| 판판하다 | 평 | 平 |
| 판판하다 | 평 | 平 |

바닥이 고르고 판판하다.

짓다

논밭을 다루어 농사를 하다.

땅을 평평하게 만들어야지.

장맛비가 계속 내리네.

한파

| 차다 | 한 | 寒 |
| 물결 | 파 | 波 |

겨울철에 기온이 갑자기 내려가는 현상

장맛비

여름철에 여러 날을 계속해서 내리는 비

01 빈칸에 들어갈 알맞은 어휘를 쓰시오.

> 효주: 엄마, 비가 매일 오니까 나갈 수도 없고 심심해요.
>
> 엄마: 요즘처럼 여름철에 계속해서 내리는 비를 ⌐ㅈ⌐ ⌐ㅁ⌐ ⌐ㅂ⌐ 라고 한단다. 일기
>
> 예보에서 곧 장마가 끝난다니까 조금만 참으렴.

[✏   ]

02 다음 어휘의 뜻으로 알맞은 어휘를 괄호 안에서 골라 ○표를 하시오.

> 한파
>
> 뜻 (여름철 │ 겨울철)에 기온이 갑자기 (올라가는 │ 내려가는) 현상

03 빈칸에 공통으로 쓸 수 있는 어휘로 알맞은 것을 골라 ○표를 하시오.

> 태호: 우리 할머니께서는 연세가 많으셔도 직접 농사를 [　　　　　].
>
> 지은: 정말? 할머니께서 많이 힘들어하시겠다.
>
> 태호: 아니, 오히려 농사를 [　　　　　] 더 건강해지는 것 같으시대.

| 짓다 | 적시다 | 기르다 | 버티다 |

04 밑줄 그은 말과 뜻이 비슷한 어휘로 알맞은 것은?   [✏   ]

> 농부는 땅을 <u>고르고 판판하게</u> 다져 놓았다.

① 부드럽게   ② 기름지게   ③ 깊숙하게

④ 평평하게   ⑤ 비스듬하게

05 밑줄 그은 어휘의 뜻을 보기에서 골라 그 기호를 쓰시오.

보기

> **짓다**
>
> ㉠ 재료를 들여 밥, 옷, 집 따위를 만들다.
>   예 아버지는 시골에 집을 짓고 계신다.
> ㉡ 시, 소설, 편지, 노래 가사 따위와 같은 글을 쓰다.
>   예 지희가 책상에 앉아 시를 짓고 있었다.
> ㉢ 논밭을 다루어 농사를 하다.
>   예 농부가 땀을 흘리며 농사를 짓고 있었다.

1 집에 왔더니 엄마가 밥을 짓고 계셨다. (   )

2 할아버지는 시골에서 농사를 짓고 계신다. (   )

3 그 가수는 자신이 노래를 짓고 그 노래를 부른다. (   )

06 다음 어휘와 어휘의 뜻을 선으로 바르게 이으시오.

1 장맛비 •   • ㉠ 아주 가늘게 내리는 비

2 소낙비 •   • ㉡ 갑자기 세차게 쏟아지다가 곧 그치는 비

3 이슬비 •   • ㉢ 여름철에 여러 날을 계속해서 내리는 비

07 밑줄 그은 부분에 들어갈 속담으로 알맞은 것은? [✎   ]

> 주희네 가족은 제주도에서 한라산에 가려고 했었다. 하지만 "_____"
> (이)라는 말처럼 갑자기 제주도에 한파와 함께 엄청나게 많은 눈이 왔다. 한라산으
> 로 올라가는 길은 막혀 버렸고, 주희네 가족은 어쩔 수 없이 숙소에서 시간을 보냈다.

① 눈 가리고 아웅

② 가는 날이 장날

③ 병 주고 약 준다

④ 우물에 가 숭늉 찾는다

⑤ 돌다리도 두들겨 보고 건너라

08~10 다음 글을 읽고, 물음에 답하시오.   사회 지역

농촌에서는 계절에 따라 하는 일이 달라집니다. 농사를 짓는 일은 날씨의 영향을 받는데, 계절에 따라 날씨가 달라지기 때문입니다. 따뜻한 봄이 되면 농사지을 땅을 평평하게 하고, 흙에 영양분을 줍니다. 또한 볍씨의 싹을 틔워서 논에 옮겨 심고, 여러 채소의 씨앗을 밭에 뿌립니다. 더운 여름이 되면 논밭에서 곡식과 채소가 자라납니다. 농부는 곡식, 채소와 함께 자라는 잡초를 뽑아냅니다. 여름에는 장맛비와 가뭄이 농사를 방해하기도 합니다. 그래서 농작물이 피해를 입지 않도록 자주 살펴야 합니다. 가을이 오면 그동안 기른 농작물을 거두어들입니다. 추운 겨울에는 한파가 와도 농작물이 피해를 입지 않도록 비닐하우스에서 농사를 짓습니다. 그리고 다음 해에 쓸 씨앗을 모아 두고 농기구를 정리하며 다음 해 농사를 준비합니다.

08 이 글의 핵심 내용을 파악하여 빈칸에 들어갈 알맞은 말을 쓰시오.

{ 각 □□ 에 농촌에서 하는 일 }

09 각 계절과 농촌에서 하는 일을 선으로 바르게 이으시오.

1 봄 •   • ㉠ 잡초를 뽑는다.

2 여름 •   • ㉡ 농작물을 거두어들인다.

3 가을 •   • ㉢ 씨앗을 모아 두고 농기구를 정리한다.

4 겨울 •   • ㉣ 땅을 평평하게 하고 흙에 영양분을 준다.

10 다음 중 농사를 방해하는 것이 <u>아닌</u> 것에 ○표를 하시오.

한파   가뭄   장맛비   비닐하우스

15 갯벌이 좋아요

완만하다

느리다   완 緩
느슨하다   만 慢

비스듬히 기울어진 정도가 가파르지 않다.

경사

기울다   경 傾
비스듬하다   사 斜

비스듬히 기울어짐. 또는 그런 정도나 상태

거의 다 왔구나. 경사가 완만하니 오를 만 해.

자연 보호

그곳에서 먹을 간식을 풍부하게 준비했어요.

풍부하다

넉넉하다   풍 豐
풍성하다   부 富

넉넉하고 많다.

보호

지키다   보 保
돕다   호 護

위험으로부터 약한 것을 잘 돌보아 지키다.

01 빈칸에 공통으로 들어갈 알맞은 어휘를 쓰시오.

아빠: 주리야, 산에 올라오는 것이 힘들었니?

주리: 힘들 줄 알았는데 ㄱ ㅅ 가 가파르지 않아서 쉽게 올라왔어요.

아빠: 이 산은 ㄱ ㅅ 가 심하지 않아서 아이들도 잘 오를 수 있단다.

[✎]

02 밑줄 그은 어휘와 뜻이 비슷하지 <u>않은</u> 어휘를 골라 ○표를 하시오.

그 지역은 물이 <u>풍부해서</u> 농사가 잘된다.

| 많아서 | 귀해서 | 넉넉해서 | 풍족해서 |

03 빈칸에 쓸 수 있는 어휘를 보기에서 골라 쓰시오.

보기
완만하다   보호하다

1 그 도로에 있는 내리막길은 경사가 [   ].

2 우리 동물원에서 날개를 다친 매를 [   ].

04 '보(保)' 자가 들어간 보기의 어휘 중 빈칸에 알맞은 어휘를 골라 쓰시오.

보기
보존(保存)   보온(保溫)

1 문화재는 박물관에 [   ]되어 있다.

     ↳ 잘 지니어 상하거나 없어지거나 하지 않도록 함.

2 이 옷은 [   ]이 잘 되어서 겨울에 입기 좋다.

     ↳ 온도를 일정하게 유지함.

어법+표현 다져요

05 보기와 같은 관계의 어휘들이 아닌 것은?

보기
> 풍부하다 -------- 풍족하다
> 비슷한 뜻

① 붓다 - 담다
② 견디다 - 버티다
③ 지키다 - 보호하다
④ 감추다 - 나타내다
⑤ 조사하다 - 살펴보다

06 다음 문장에서 밑줄 그은 어휘를 바르게 고쳐 쓰시오.

1 감나무에 감이 주렁주렁 <u>만히</u> 달렸다. ➡ ☐☐

2 사람이 많은 곳에서 비밀 이야기를 하면 <u>골란해</u>. ➡ ☐☐☐

3 책상 위에 <u>비스듬이</u> 놓여 있던 책들이 떨어졌다. ➡ ☐☐☐☐

07 밑줄 그은 부분에 들어갈 속담의 의미로 알맞은 것은?

> "사공이 많으면 배가 산으로 간다"라는 속담이 있습니다. '사공'은 배를 움직이는 운전사입니다. 사공이 많아서 서로 자기 생각대로만 배를 움직이려고 하면 어떻게 될까요? 배는 제대로 움직이지 못하고 엉뚱한 곳으로 가게 될 것입니다. 그래서 이 속담은 '＿＿＿＿＿＿＿＿＿＿'라는 뜻을 담고 있습니다.

① 자기 능력 밖의 일은 욕심을 내지 않는 것이 좋다.
② 적당한 것이 없을 때 그와 비슷한 것으로 대신한다.
③ 훌륭한 사람일수록 남들 앞에서 자신을 내세우지 않는다.
④ 여러 사람이 자기 생각만 내세우면 일이 제대로 되지 않는다.
⑤ 작은 것이라도 그것이 반복되면 무시하지 못할 정도로 크게 된다.

08~10 다음 글을 읽고, 물음에 답하시오.   과학 생물

갯벌은 바닷물이 들어왔다가 빠져나간 자리에 회색빛 흙이 평평하게 펼쳐진 벌판입니다. 우리나라의 갯벌은 경사가 완만한 서해, 남해 바닷가에 많으며, 넓이가 매우 넓습니다. 갯벌에는 풍부한 산소와 먹이가 있기 때문에 조개와 낙지, 게 등 다양한 생물들이 살고 있습니다. 그래서 사람들은 갯벌에 사는 생물들을 잡아 생활을 하기도 합니다. 또, 우리나라에 오는 철새들도 갯벌 생물들을 먹으며 쉬었다 갑니다. 갯벌은 바다를 깨끗하게 만드는 역할도 합니다. 갯벌에 사는 다양한 생물들은 강에서 흘러드는 더러운 물질들을 분해하여 갯벌을 깨끗하게 만들어 줍니다. 뿐만 아니라 갯벌은 태풍이나, 육지로 넘쳐 들어온 바닷물이 마을로 바로 들이치는 것을 막아서 마을을 보호해 줍니다.

08 이 글의 핵심 내용을 파악하여 빈칸에 들어갈 알맞은 말을 쓰시오.

{ ☐☐ 의 이로운 점 }

09 갯벌에 대한 설명으로 알맞지 <u>않은</u> 것은?   [✎   ]

① 다양한 생물들이 산다.
② 더러운 물질을 강으로 내보낸다.
③ 바닷물이 들어왔다가 빠져나간 곳이다.
④ 태풍이 일어났을 때 마을을 보호해 준다.
⑤ 철새들이 먹이를 먹으며 쉬었다 가는 곳이다.

10 갯벌에 다양한 생물들이 살 수 있는 까닭에 ✓표를 하시오.
☐ 흙이 부드러워서
☐ 산소와 먹이가 풍부해서
☐ 바닷물이 스며들지 않아서
☐ 철새가 갯벌에 오지 않아서

수학 도형

16 원, 삼각형, 사각형의 특징

곧다

굽거나 비뚤어지지 않고 똑
바르다.

굽다

한쪽으로 휘다.

민수는 은서보다
키도 크고
팔과 다리도
길쭉하네.

길쭉하다

조금 길다.

비교

| 견주다 | 비 比 |
| 견주다 | 교 較 |

둘 이상의 사물을 대보고
서로 간의 비슷한 점, 차이
점 따위를 살펴보다.

01 괄호 안에서 그림을 나타내는 알맞은 어휘를 골라 ○표를 하시오.

1

나무는 (곧은 | 굽은) 모양이다.

2

나무는 (곧은 | 굽은) 모양이다.

02 빈칸에 공통으로 들어갈 알맞은 어휘를 쓰시오.

• 언니의 키와 ㅂ ㄱ 하면 나는 아직 키가 작다.

• 아빠는 비슷한 두 물건의 값을 꼼꼼히 ㅂ ㄱ 해서 산다.

[✎   ]

03 밑줄 그은 말과 뜻이 비슷한 어휘를 골라 ○표를 하시오.

형이 <u>조금 긴</u> 막대기를 가져왔다.

| 튼튼한 | 짤막한 | 길쭉한 | 평평한 |

04 '비(比)' 자가 들어간 보기의 어휘 중 빈칸에 알맞은 어휘를 골라 쓰시오.

보기

비유(比喩)   대비(對比)

1 구름을 솜사탕에 [　　　　　] 하여 말했다.

↳대상을 직접 설명하지 않고 다른 비슷한 것에 빗대어 설명하다.

2 이 글에는 형제의 성격이 잘 [　　　　　] 되어 나타난다.

↳두 가지의 차이를 밝히기 위하여 서로 맞대어 비교하다.

어법+표현 다져요

05 밑줄 그은 어휘의 뜻을 **보기**에서 골라 그 기호를 쓰시오.

> **보기**
>
> **굽다**
>
> ㉠ 불에 익히다.
>   **예** 숯불에 고기를 굽다.
> ㉡ 한쪽으로 휘다.
>   **예** 굽은 시골길을 걸었다.

1 엄마가 반찬으로 생선을 <u>굽다</u>. (　　　)

2 친구들과 함께 꼬불꼬불 <u>굽은</u> 산길을 걸었다. (　　　)

3 이 고무 막대는 힘을 조금만 주어도 쉽게 <u>굽는다</u>. (　　　)

06 괄호 안에서 바르게 쓴 어휘를 골라 ○표를 하시오.

1 종이를 (길죽한 | 길쭉한) 모양으로 잘라 붙였다.

2 책상에 앉을 때에는 (곧은 | 곳은) 자세로 앉아야 한다.

3 언니는 선이 (비뚤어지지 | 삐뚫어지지) 않도록 자를 대고 그었다.

07 다음 한자 성어를 알맞게 사용한 문장에 ✔표를 하시오.

> **단도직입** 단(單) 혼자 도(刀) 칼 직(直) 곧다 입(入) 들어가다
>
> 혼자서 칼 한 자루를 들고 적에게 곧바로 쳐들어간다는 뜻이다. 말을 할 때 여러 말을 늘어놓지 않고 바로 중요한 내용을 정확하게 말한다는 뜻의 한자 성어이다.

☐ 지호는 서아에게 <u>단도직입</u>으로 좋아한다고 말했다.

☐ 민우는 수업에 지각을 했는데 <u>단도직입</u>으로 숙제도 안 가져왔다.

☐ 유나는 빵집에 두고 온 모자를 누가 가져갔을까 봐 <u>단도직입</u>이다.

08~10 다음 글을 읽고, 물음에 답하시오. 수학 도형

▲ 원   ▲ 삼각형   ▲ 사각형

위 그림에서 첫 번째에 있는 도형을 '원'이라고 합니다. 원은 뾰족한 부분 없이 굽은 선으로 이어져 있고, 길쭉하거나 찌그러진 곳 없이 어느 쪽에서 보아도 똑같이 동그랗습니다. 그래서 여러 가지 원은 크기가 다를 수 있지만 생긴 모양은 서로 같습니다. 두 번째에 있는 도형을 '삼각형'이라고 하고, 세 번째에 있는 도형을 '사각형'이라고 합니다. 삼각형과 사각형은 곧은 선들로 둘러싸여 있습니다. 삼각형과 사각형에서 곧은 선을 '변'이라고 하고, 두 곧은 선이 만나는 점을 '꼭짓점'이라고 합니다. 삼각형과 사각형을 비교해 보면 삼각형은 변과 꼭짓점이 각각 3개이고, 사각형은 각각 4개입니다. 변의 길이를 다양하게 하여 여러가지 모양의 삼각형과 사각형을 그릴 수 있습니다.

08 이 글의 핵심 내용을 파악하여 빈칸에 들어갈 알맞은 말을 쓰시오.

원, ☐☐☐, 사각형의 모양과 특징

09 원에 대한 설명으로 알맞은 것은? [✎   ]

① 모든 원은 크기가 같다.
② 곧은 선으로 이어져 있다.
③ 굽은 선으로 이어져 있다.
④ 보는 방향에 따라 모양이 다르다.
⑤ 아래위로 두 개의 꼭짓점이 있다.

10 삼각형과 사각형의 꼭짓점을 모두 합한 개수는? [✎   ]

① 6개   ② 7개   ③ 8개
④ 14개   ⑤ 16개

17 사람을 구하는 교통수단

응급

응하다	응	應
급하다	급	急

급한 대로 우선 처리하다. 또는 급한 상황에 맞게 대처하다.

출동

내보내다	출	出
움직이다	동	動

어떤 목적대로 실제로 해 나가기 위하여 떠나다.

순식간에 지나가는 오토바이를 보지 못하고 넘어졌어.

대충 처치하고 병원에 가자.

처치

보살피다	처	處
두다	치	置

상처 등을 치료하다.

순식간

눈 깜짝이다	순	瞬
숨쉬다	식	息
사이	간	間

눈을 한 번 깜짝하거나 숨을 한 번 쉴 만한 아주 짧은 동안

01 빈칸에 들어갈 알맞은 어휘를 쓰시오.

준이: 어제 산불에 대한 뉴스 봤어?

민희: 응, 봤어. 작은 불씨가 ❶ ㅅ ㅅ ㄱ 에 온 산에 번졌대.

준이: 소방차가 빨리 ❷ ㅊ ㄷ 해 불을 꺼서 다행이야.

❶ [✎   ]   ❷ [✎   ]

02 밑줄 그은 말과 뜻이 비슷한 어휘를 골라 ○표를 하시오.

응급실에 환자가 오자 의사들이 급히 상처를 치료하였다.

조절하였다   처치하였다   제거하였다   주의하였다

03 빈칸에 '응급'을 쓸 수 없는 문장의 기호를 쓰시오.

㉠ 자동차 사고가 나서 [   ] 환자가 생겼다.

㉡ 몇 번을 불러도 쓰러진 사람은 아무 [   ] 이 없었다.

㉢ 운동장에서 넘어져서 보건 선생님이 [   ] 처치를 해 주셨다.

[✎   ]

04 '동(動)' 자가 들어간 보기 의 어휘 중 빈칸에 알맞은 어휘를 골라 쓰시오.

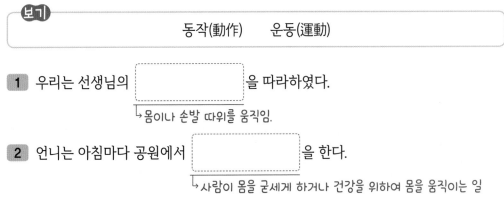

보기
동작(動作)   운동(運動)

1 우리는 선생님의 [   ] 을 따라하였다.
   ↳ 몸이나 손발 따위를 움직임.

2 언니는 아침마다 공원에서 [   ] 을 한다.
   ↳ 사람이 몸을 굳세게 하거나 건강을 위하여 몸을 움직이는 일

05 보기의 세 어휘 중 빈칸에 들어갈 알맞은 어휘를 찾아 쓰시오.

보기

처치	상처 따위를 치료함.
	예 병원에 가서 다친 곳을 처치하자.
처지	처하여 있는 사정이나 형편
	예 두꺼비는 콩쥐의 딱한 처지를 가엾게 여겼다.
차지	어떤 물건이나 공간, 지위를 자기의 몫으로 가짐.
	예 도둑들의 보물은 모두 알라딘의 차지가 되었다.

1 누나 몫의 케이크도 내 [   ] 이다.

2 놀부에게 쫓겨난 흥부는 밥을 굶을 [   ] 가 되었다.

3 불에 데면 빨리 의사에게 가서 [   ] 를 받아야 한다.

06 다음 중 뜻이 비슷한 어휘끼리 묶인 것은?   [✎   ]

① 짧다 - 길다   ② 나가다 - 들어가다
③ 급하다 - 위급하다   ④ 떠나다 - 도착하다
⑤ 재빠르다 - 느리다

07 밑줄 그은 어휘와 뜻이 비슷한 말로 알맞은 것에 ✓표를 하시오.

지효: 엄마, 방금 아빠 차가 지나간 것 같아요. 혹시 보셨어요?
엄마: 글쎄, 순식간이라서 못 봤구나.
지효: 제가 잘못 봤나 봐요.

☐ 코 아래 입	☐ 눈 깜짝할 사이	☐ 속에 없는 말
매우 가까운 것	매우 짧은 순간	속마음과 다르게 하는 말

08~10 다음 글을 읽고, 물음에 답하시오. `사회` `생활`

> 큰 사고가 일어나면 여러 사람이 다치게 되고, 사고를 당한 환자의 상태가 순식간에 나빠지기도 합니다. 그래서 빠른 시간 안에 환자를 구조하여 병원으로 옮기는 것이 중요합니다. 다친 사람을 구조할 때 이용하는 교통수단으로는 구급차, 응급 구조 헬리콥터, 해상 구조 보트 등이 있습니다. 구급차는 위급한 환자를 빠르게 병원으로 옮기는 자동차입니다. 구급차 안에는 여러 장비가 있고 구급 대원이 환자의 상태를 돌봅니다. 응급 구조 헬리콥터는 산이나 섬처럼 병원과 거리가 먼 지역에 있는 환자를 병원으로 옮깁니다. 헬리콥터 안에는 의료 장비가 있어서 의사가 환자를 처치하며 병원으로 옮길 수 있습니다. 강이나 바다에서 사람들이 위험에 처했을 때는 해상 구조 보트가 출동합니다. 해상 구조 보트에는 물에서 발생하는 사고에 사용할 수 있는 장비가 있습니다.

08 이 글의 핵심 내용을 파악하여 빈칸에 들어갈 알맞은 말을 쓰시오.

{ 다친 사람을 ☐☐ 할 때 이용하는 교통수단 }

09 사람을 구할 때 이용하는 교통수단에 대한 설명으로 알맞은 것은? [✎]

① 병원과 가까운 곳에만 출동한다.
② 큰 사고가 일어나지 않도록 막는다.
③ 의료 장비를 병원으로 옮기는데 사용한다.
④ 환자를 안전하게 옮기기 위해 느리게 움직인다.
⑤ 환자를 구조할 때 사용하는 여러 장비가 준비되어 있다.

10 교통수단을 사용할 사람과 교통수단을 선으로 바르게 이으시오.

1 강, 바다에서 위험에 처한 사람들 •   • ㉠ 해상 구조 보트

2 산, 섬처럼 병원에서 먼 곳에 사는 사람들 •   • ㉡ 응급 구조 헬리콥터

18

국어 말하기

이렇게 말해요

참 예의가
바른 아이구나.

여기
앉으세요.

배려

| 나누다 | 배 | 配 |
| 생각하다 | 려 | 慮 |

도와주거나 보살펴 주려고
마음을 쓰다.

바르다

말이나 행동 따위가 사회적
인 기준에 어긋나지 않고
들어맞다.

대화

| 마주하다 | 대 | 對 |
| 말하다 | 화 | 話 |

마주 대하여 이야기를 주고
받다.

지키다

규정, 약속, 법, 예의 따위
를 어기지 않고 실제로 해
나가다.

쓰레기를 잘
버리기로 엄마와
약속했어.

약속을 잘
지키는구나.

01 빈칸에 들어갈 알맞은 어휘를 쓰시오.

- 우리는 ❶ ㄷ ㅎ 를 통해 문제를 해결할 방법을 찾았다.

- 선생님께서 나의 어려운 상황을 알고 ❷ ㅂ ㄹ 를 해 주셨다.

❶ [✎　　　　　　] 　　❷ [✎　　　　　　]

02 밑줄 그은 부분에 들어갈 어휘로 알맞은 것에 ○표를 하시오.

호영이는 길에서 지갑을 주워 경찰서에 가져다주었다. 경찰 아저씨는 호영이에게 생각과 행동이 참 _____ 칭찬해 주셨다.

| 재밌다고 | 다르다고 | 바르다고 | 독특하다고 |

03 빈칸에 '지키다'를 쓸 수 <u>없는</u> 문장의 기호를 쓰시오.

㉠ 민호는 친구와의 약속을 잘 [　　　　].

㉡ 친구에게 잘못된 습관을 [　　　　] 했다.

㉢ 어른들께 예의를 [　　　　] 사람이 되자.

[✎　　　]

04 '대(對)' 자가 들어간 보기의 어휘 중 빈칸에 알맞은 어휘를 골라 쓰시오.

보기
대답(對答)　　　　상대(相對)

1 선생님의 질문에 수호가 [　　　　] 하였다.
↳ 부르는 말에 응하여 어떤 말을 하다.

2 그 선수와 [　　　　] 하려면 연습을 많이 해야 한다.
↳ 서로 겨루다.

05 밑줄 그은 어휘의 뜻을 보기에서 골라 그 기호를 쓰시오.

> **보기**
>
> **바르다**
>
> ㉠ 물이나 풀, 약, 화장품 따위를 겉에 문질러 묻히다.
>   예 상처에 약을 바르다.
> ㉡ 껍질을 벗기어 속에 들어 있는 알맹이를 집어내다.
>   예 수박씨를 바르다.
> ㉢ 말이나 행동 따위가 사회적인 기준에 어긋나지 않고 들어맞다.
>   예 민서는 마음가짐이 참 바르다.

1 얼굴에 로션을 발랐다. (   )

2 내 친구는 예의가 바르다. (   )

3 밤을 까서 알맹이만 발랐다. (   )

06 밑줄 그은 부분에 공통으로 들어갈 말로 알맞은 것에 ✓표를 하시오.

> • 개학식에 멋지게 입고 싶어서 옷차림에 _____.
> • 엄마는 아이가 그릇을 깰까 봐 아이에게 _____.

☐ **기를 쓰다**

있는 힘을 다하다.

☐ **머리를 쓰다**

어떤 일에 대해 깊이 생각하다.

☐ **신경을 쓰다**

작은 일에까지 세심하게 주의를 기울이다.

07 밑줄 그은 부분에 다음 한자 성어를 쓸 수 없는 문장에 ✓표를 하시오.

> **역지사지** 역(易) 바꾸다 지(地) 처지 사(思) 생각하다 지(之) 가다
>
>   처지를 서로 바꾸어 생각한다는 뜻으로, 상대편의 처지에서 생각해 보고 배려해야 한다는 한자 성어이다.

☐ 나와 다른 생각도 _____ 하는 태도로 존중해야 한다.

☐ _____의 태도로 장맛비에 강물이 넘치지 않도록 대비해야 한다.

☐ 형과 다툰 후에 _____로 생각해 보니 형이 화난 것이 이해되었다.

다음 글을 읽고, 물음에 답하시오.　　　　　　　　　국어 말하기

다른 사람과 대화할 때는 다음과 같은 예절을 지켜야 합니다. 여러 사람이 함께 대화를 할 때는 자기 혼자만 계속 말해서는 안 됩니다. 또한 다른 사람이 말할 때 끼어들지 않고 자기가 말할 차례를 지켜야 합니다. 말을 하는 사람은 듣는 사람을 바라보며 이야기해야 합니다. 그러지 않으면 듣는 사람이 누구에게 하는 말인지 알기 어려워 대화를 잘 주고받을 수 없습니다. 또한 말을 듣는 사람도 상대방을 바라보며 이야기를 들어야 합니다. 상대방이 말을 할 때에 말을 듣지 않거나 다른 곳을 보면 안 됩니다. 상대방의 말에 맞장구를 쳐 주면 대화를 이어 가기 좋습니다. 이렇게 말을 하는 사람과 듣는 사람이 바른 태도로 말하고 상대방을 배려하면 서로 즐겁게 대화할 수 있습니다.

08 이 글의 핵심 내용을 파악하여 빈칸에 들어갈 알맞은 말을 쓰시오.

{ ☐☐ 를 하는 바른 방법 }

09 다른 사람과 대화할 때 지켜야 할 예절이 <u>아닌</u> 것은?　　[✎　　]

① 자신의 차례를 지키면서 말한다.
② 상대방의 말에 맞장구를 쳐 준다.
③ 상대방을 바라보며 이야기를 듣는다.
④ 다른 사람이 말할 때 끼어들지 않는다.
⑤ 말을 할 때는 듣는 사람을 보지 않는다.

10 예절을 지키며 대화할 때 좋은 점으로 알맞은 것은?　　[✎　　]

① 자신만 계속 말할 수 있다.
② 상대방의 생각을 바꿀 수 있다.
③ 상대방과 장난치며 말할 수 있다.
④ 상대방과 즐겁게 대화할 수 있다.
⑤ 상대방에게 마음껏 부탁할 수 있다.

과학 지구

19 바닷물이 짠 까닭

포함

| 싸다 | 포 包 |
| 품다 | 함 含 |

속에 들어 있거나 함께 넣다.

흘러들다

물 따위가 흘러서 들어가거나 들어오다.

찬물에 적응하면 괜찮을 거야.

물이 너무 차가워요.

바닷물에는 소금 성분이 포함되어 있어요.

육지

| 땅 | 육 陸 |
| 땅 | 지 地 |

강이나 바다와 같이 물이 있는 곳을 뺀 지구의 겉면

적응

| 맞다 | 적 適 |
| 응하다 | 응 應 |

일정한 조건이나 상황에 맞추어 행동하거나 알맞게 되다.

01 빈칸에 공통으로 들어갈 알맞은 어휘를 쓰시오.

> 은지: 책에서 봤는데 거북은 바다와 ㅇ ㅈ 에서 모두 살 수 있대.
>
> 다희: 거북은 좋겠다. ㅇ ㅈ 와 바다의 모습을 전부 볼 수 있잖아.

[✎   ]

02 밑줄 그은 어휘와 뜻이 반대인 어휘를 골라 ○표를 하시오.

> 우리 가족은 나를 <u>포함하면</u> 모두 네 명이다.

| 빼면 | 넣으면 | 더하면 | 생각하면 |

03 밑줄 그은 '적응하다'가 바르게 쓰이지 <u>않은</u> 것에 ✔표를 하시오.

☐ 유럽에 가면 우리나라와 시간이 달라서 <u>적응하기</u> 힘들다.

☐ 네 이야기만 듣고 그 일이 왜 일어났는지 <u>적응하기</u> 어렵다.

☐ 추운 곳에서 더운 곳으로 가면 바뀐 날씨에 <u>적응하기</u> 어렵다.

04 문장의 빈칸에 쓸 수 있는 어휘를 골라 선으로 이으시오.

1	이 시냇물은 강으로 ☐.	•	• ㉠	포함하다
2	전학 간 학교에 빨리 ☐.	•	• ㉡	흘러들다
3	나를 ☐ 네 명이 팀을 만들었다.	•	• ㉢	적응하다

05 보기의 '부-'가 쓰이지 <u>않은</u> 어휘 묶음에 ✓표를 하시오.

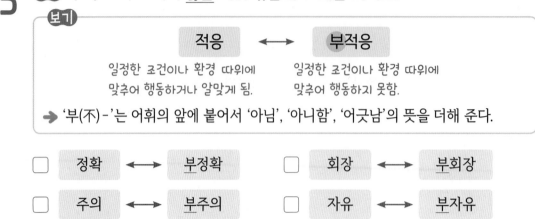

보기

| 적응 | ←→ | 부적응 |

일정한 조건이나 환경 따위에 맞추어 행동하거나 알맞게 됨.

일정한 조건이나 환경 따위에 맞추어 행동하지 못함.

→ '부(不)-'는 어휘의 앞에 붙어서 '아님', '아니함', '어긋남'의 뜻을 더해 준다.

☐ 정확 ←→ 부정확   ☐ 회장 ←→ 부회장

☐ 주의 ←→ 부주의   ☐ 자유 ←→ 부자유

06 '들다'가 포함된 어휘와 그 뜻을 알맞게 선으로 이으시오.

1 드나들다 •   • ㉠ 속으로 배어들다.

2 스며들다 •   • ㉡ 날아서 안으로 들다.

3 날아들다 •   • ㉢ 여럿이 떼를 지어 들어오다.

4 몰려들다 •   • ㉣ 많은 것들이 들어가고 나오고 하다.

07 다음 속담을 알맞게 사용한 문장에 ✓표를 하시오.

> 얕은 물에서 바닥인 땅을 짚는다면 누구나 쉽게 헤엄을 칠 수 있다. 그래서 우리 속담인 "땅 짚고 헤엄치기"는 일이 매우 쉽다는 뜻을 담고 있다.

☐ 수학 선생님이 그 수학 문제를 푸는 것은 <u>땅 짚고 헤엄치기</u>이다.

☐ 자전거를 잃어버리고 자물쇠를 사는 일은 <u>땅 짚고 헤엄치기</u>와 같다.

☐ <u>땅 짚고 헤엄치기</u>라더니 우리는 서로 고집만 부리다 일을 마치지 못했다.

08~10 다음 글을 읽고, 물음에 답하시오. `과학 지구`

바닷물이 짠 까닭은 바닷물에 소금 성분이 들어 있기 때문입니다. 바닷물에는 왜 소금 성분이 들어 있을까요? 아주아주 먼 옛날에 지구가 생기고 나서 비가 그치지 않고 수백 년 동안 내리던 때가 있었습니다. 그때 육지에서 물에 잘 녹는 물질들이 빗물에 녹아 바다로 흘러들었습니다. 이렇게 바다로 흘러들어간 물질 중에 소금 성분이 많았습니다. 또 바다 속에는 화산이 있었는데, 이 화산이 폭발하면서 뿜어져 나온 물질들이 바닷물에 스며들기도 했습니다. 이 물질들도 소금 성분을 포함하고 있었습니다. 이 소금 성분 때문에 사람들은 바닷물을 먹거나 농사에 사용할 수 없었습니다. 하지만 바닷가에 사는 사람들은 바닷물의 소금 성분을 걸러 내서 마실 물을 만들고, 바닷물을 햇볕에 말려 소금을 얻는 등 바다에 적응하며 살고 있습니다.

08 이 글의 핵심 내용을 파악하여 빈칸에 들어갈 알맞은 말을 쓰시오.

{ ☐☐☐ 에 녹아 있는 소금 성분 }

09 바닷물이 짠 까닭으로 알맞은 것은? [✎   ]

① 비가 자주 내리지 않아서
② 바다가 지구보다 늦게 생겨서
③ 바다 속 화산이 폭발하지 않아서
④ 육지의 소금 성분이 바다로 흘러들어서
⑤ 육지에 내린 비에 소금 성분이 섞여 있어서

10 바닷가 사람들이 바닷물을 활용한 방법이 <u>아닌</u> 것에 ✓표를 하시오.

☐ 바닷물을 그대로 농사에 사용했다.

☐ 햇볕에 바닷물을 말려 소금을 얻었다.

☐ 바닷물의 소금 성분을 걸러 내서 마실 물을 만들었다.

20 나에게 맞는 직업

소방관은 내 적성에 맞는 일이야.

10년 뒤

소방관이 되겠다는 꿈을 이뤘어.

적성

맞다	적 適
성품	성 性

어떤 일에 알맞은 성질이나 적응 능력. 또는 그와 같은 성격

이루다

뜻한 대로 되게 하다.

회사에서 능력을 인정받아 생계를 꾸려갈 수 있어.

퇴근 후

능력

뛰어나다	능 能
힘	력 力

어떤 일을 해 낼 수 있는 힘

생계

살다	생 生
헤아리다	계 計

살아갈 방법 또는 현재 살아가고 있는 형편

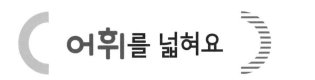

01 빈칸에 들어갈 알맞은 어휘를 쓰시오.

> 시경: 저는 음식의 맛을 느끼고, 손으로 무엇을 만드는 것을 좋아해요.
>
> 선생님: 그렇다면 네 ① ㅈ ㅅ 에는 요리사가 어울리겠구나.
>
> 시경: 음식을 만드는 ② ㄴ ㄹ 을 키우려면 어떻게 해야 할까요?
>
> 선생님: 먼저 여러 가지 음식의 맛을 비교할 줄 알아야 한단다.

① [✎   ]   ② [✎   ]

02 밑줄 그은 어휘와 뜻이 비슷한 어휘를 골라 ○표를 하시오.

> 일자리를 잃으면 생계가 어려워진다.

| 역할 | 생활 | 목적 | 습관 |

03 빈칸에 '이루다'를 쓸 수 없는 문장의 기호를 쓰시오.

> ㉠ 나는 어려움을 견디며 노력한 끝에 꿈을 [   ].
>
> ㉡ 동생은 용돈을 모아 장난감을 사는 목적을 [   ].
>
> ㉢ 지효는 피아노를 치다가 잠깐 실수하는 바람에 [   ].

[✎   ]

04 밑줄 그은 어휘와 뜻이 비슷하지 않은 어휘를 골라 ○표를 하시오.

> 지유는 친구들을 설득하는 능력이 있다.

| 힘 | 재능 | 재주 | 가능 |

05 보기를 보고, 빈칸에 들어갈 알맞은 어휘를 쓰시오.

보기

능력 ←→ 무능력

어떤 일을 해 낼 수 있는 힘   어떤 일을 할 만한 능력이 없음.

→ '무(無)-'는 어휘의 앞에 붙어서 '그것이 없음'의 뜻을 더해 준다.

1 | 감각 | ←→ | ☐☐☐ | : 아무 감각이 없음.

2 | 관심 | ←→ | ☐☐☐ | : 아무 관심이 없음.

06 밑줄 그은 부분에 들어갈 말로 알맞은 것에 ✓표를 하시오.

정우는 새 외투를 갖고 싶어 엄마를 졸랐다. 하지만 엄마는 정우에게 말씀하셨다.
"겨울에 입을 외투는 가지고 있잖니. _____ 것도 힘들 정
도로 생활이 어려운 사람들도 많단다."

☐ 입에 풀칠하다
매우 어렵게 겨우 살
아가다.

☐ 입 밖에 내다
어떤 생각이나 사실을
말로 드러내다.

☐ 입만 살다
말에 따르는 행동은
없으면서 말만 그럴듯하
게 잘하다.

07 밑줄 그은 부분에 들어갈 속담의 뜻으로 알맞은 것은?   [✎   ]

굼벵이는 몸통이 통통하고 다리가 짧아서 행동이 느릿느릿한 애벌레입니다. 하지
만 데굴데굴 잘 굴러 다닐 수 있습니다. 그래서 속담 "굼벵이도 구르는 재주가 있다"
는 _____ 는 뜻을 담고 있습니다.

① 잘 아는 일도 주의하라는
② 믿었던 사람이 배신할 수도 있다
③ 발전하지 못하고 제자리걸음만 한다
④ 남이 잘되는 것을 질투하는 사람이 있다
⑤ 능력이 없는 사람도 한 가지 재주는 있다

08~10 다음 글을 읽고, 물음에 답하시오. 사회 사회·문화

'나는 소방관이 될 거야.' 하고 어른이 되어서 하고 싶은 일을 생각해 본 사람이 있을 것입니다. 이렇게 ㉠생계를 꾸리기 위해 일정한 기간 동안 계속 하는 일을 '직업'이라고 합니다. 세상에는 미용사, 의사, 운동 선수, 버스 운전사 등 굉장히 많은 직업이 있습니다. 그중에서 나에게 맞는 직업을 찾으려면 나의 적성을 아는 것이 중요합니다. 운동을 잘하는 것, 글로 생각을 잘 표현하는 것, 손으로 물건을 잘 만드는 것 등이 모두 적성입니다. 사람들은 서로 생김새가 다르듯 타고난 능력이 다릅니다. 지금부터 남과 다른 나의 능력을 찾아서 내가 잘할 수 있는 일, 좋아하는 일 등이 무엇인지 생각해 봅시다. 나중에 자신의 꿈을 이루는 데 큰 도움이 될 것입니다.

08 이 글의 핵심 내용을 파악하여 빈칸에 들어갈 알맞은 말을 쓰시오.

나에게 맞는 ☐☐을 찾는 방법

09 직업을 찾을 때 생각할 점으로 맞는 것에 ○표, 틀린 것에는 ✕표를 하시오.

1 내가 좋아하는 일인가? (   )

2 내 적성에 맞는 일인가? (   )

3 내가 잘할 수 있는 일인가? (   )

4 다른 사람이 보기에 좋아 보이는 일인가? (   )

10 ㉠으로 보아 다음 중 직업이 **아닌** 것은?　[✎　　]

① 어른　　　　② 의사　　　　③ 요리사
④ 디자이너　　⑤ 야구 선수

1-5 뜻에 알맞은 어휘를 보기에서 골라 쓰시오.

보기
| 합계 | 좌석 | 처치 | 장비 | 굽다 |

1 ⬚⬚ : 한쪽으로 휘다.

2 ⬚⬚ : 상처 등을 치료하다.

3 ⬚⬚ : 앉을 수 있게 마련된 자리

4 ⬚⬚ : 한데 합하여 계산하다. 또는 그런 수

5 ⬚⬚ : 갖추어 차리다. 또는 그 장치와 갖춘 물건

6 어휘의 뜻이 맞으면 ○표, 틀리면 ✕표를 하시오.

1 진지 뜻 '밥'의 높임말 [✎]

2 다르다 뜻 비교가 되는 두 대상이 서로 같다. [✎]

3 진공 뜻 공기 따위의 기체가 전혀 없는 빈 공간 [✎]

4 출동 뜻 어떤 목적대로 실제로 해 나가기 위하여 떠나다. [✎]

7 뜻에 맞는 어휘를 네모 칸에서 찾아 표시하시오.

뜻
예 없애 버리다.
① 남의 잘못을 진심으로 타이르다.
② 여러 사람이 다 같이 지키기로 결정한 법칙
③ 눈을 한 번 깜짝하거나 숨을 한 번 쉴 만한 아주 짧은 동안

제	거	비	교
순	식	간	규
충	부	탁	칙
고	때	때	로

8 어휘의 뜻으로 알맞지 <u>않은</u> 것은? [✎   ]

① 길쭉하다: 조금 길다.

② 붓다: 액체나 가루 따위를 다른 곳에 담다.

③ 경사: 비스듬히 기울어짐. 또는 그런 정도나 상태

④ 화목: 규정, 약속, 법, 예의 따위를 어기지 않고 실제로 해 나가다.

⑤ 보호자: 어떤 사람을 위험이 미치지 않도록 보살필 책임을 가지고 있는 사람

9-10 왼쪽 어휘와 뜻이 비슷한 어휘를 골라 ✔표를 하시오.

9 | 복장 | ☐ 생각 | ☐ 모양 | ☐ 옷차림

10 | 잃어버리다 | ☐ 찾다 | ☐ 붙잡다 | ☐ 분실하다

11 밑줄 그은 어휘의 뜻으로 알맞은 것을 골라 선으로 이으시오.

1 　이 다리는 섬과 <u>육지</u>를 이어 준다. ·

· ㉠ 사람이나 동물이 가지고 있는 온도

2 　수영을 오래 했더니 <u>체온</u>이 내려갔다. ·

· ㉡ 강이나 바다와 같이 물이 있는 곳을 뺀 지구의 겉면

12 괄호 안에 공통으로 들어갈 어휘로 알맞은 것은? [✎   ]

• 숲속에 사는 야생 동물을 (　　　　)해야 한다.

• 환경을 (　　　　)하기 위해서 일회용품 사용을 줄이자.

① 계산　　　　　② 포함　　　　　③ 짐작

④ 조사　　　　　⑤ 보호

13-14 어휘에 알맞은 뜻을 골라 선으로 이으시오.

13 입장 •

• ㉠ 살펴서 도움이 될 만한 재료로 삼다.

• ㉡ 어떠한 곳이나 일정한 구역의 안으로 들어가다.

14 조절 •

• ㉠ 말이나 행동 따위가 사회적인 기준에 들어맞다.

• ㉡ 균형이 맞게 바로잡거나 또는 적당히 맞추어 나가다.

15-16 밑줄 그은 어휘와 바꾸어 쓸 수 없는 것을 골라 ✔표를 하시오.

15

한 번도 가 보지 못한 나라에 <u>도착하다</u>.

☐ 닿다   ☐ 이르다   ☐ 맞이하다

16

음악가가 자신의 감정을 음악으로 <u>나타내다</u>.

☐ 버티다   ☐ 드러내다   ☐ 표현하다

17 밑줄 그은 어휘가 문장에 어울리지 <u>않는</u> 것은?   [✎   ]

① 할아버지께서 안방에서 <u>주무신다</u>.
② 어제부터 <u>장맛비</u>가 거세게 내리고 있다.
③ 저 언덕은 경사가 <u>완만해서</u> 오르기 힘들다.
④ <u>공연</u>이 시작하기 전에 공연장에 도착해야 한다.
⑤ 친구와 <u>대화</u>를 할 때에는 친구의 말을 잘 들어야 한다.

관용어 · 속담 · 한자 성어

18 관용어 설명에서 빈칸에 들어갈 알맞은 어휘를 골라 ○표를 하시오.

> 자신의 생각을 분명하게 내세우지 못하고 다른 사람의 말을 곧이곧대로 믿는 사람들이 있다. 그런 사람에게는 '너는 참 _____가 얇구나!'라는 말을 한다. 이 관용어는 '남의 말을 쉽게 받아들인다.'라는 뜻이다.

　　귀　　　　　　　다리　　　　　　　허리

19 속담 설명에서 빈칸에 들어갈 알맞은 어휘를 골라 ○표를 하시오.

> 공부를 못하거나, 운동을 못한다고 해서 모든 일을 다 못하는 것은 아니다. 사람마다 잘할 수 있는 것은 다 다르기 때문이다. "굼벵이도 구르는 _____가 있다."라는 속담은 아무리 능력이 없는 사람이라도 저마다 특별한 재능을 갖고 있다는 뜻이다.

　　도구　　　　　　　재주　　　　　　　이유

20 한자 성어 설명에서 빈칸에 들어갈 알맞은 어휘를 골라 ○표를 하시오.

> | 역지사지 | |
> |---|---|
> | 바꾸다 | 역(易) |
> | 처지 | 지(地) |
> | 생각하다 | 사(思) |
> | 가다 | 지(之) |
>
> 여우는 두루미를 집에 초대해서 저녁 식사를 대접했다. 그런데 여우가 자신이 쓰는 납작한 접시에 음식을 담는 바람에 두루미는 하나도 먹지 못했다. 두루미는 "내 입은 뾰족해서 납작한 접시에 담긴 음식은 먹기 힘들어. 다음에는 내 처지를 이해해 줘."라고 말했고 여우는 두루미에게 사과했다. 이처럼 '역지사지'는 다른 사람의 _____에서 생각하라는 뜻의 한자 성어이다.

　　적성　　　　　　　목적　　　　　　　처지

1-5 뜻에 알맞은 어휘를 보기 에서 골라 쓰시오.

보기
| 며칠 | 순간 | 조사 | 짐작 | 축복 |

1 ⬚⬚ : 몇 날

2 ⬚⬚ : 행복을 빌다.

3 ⬚⬚ : 어떤 일이 일어난 바로 그때

4 ⬚⬚ : 사정이나 형편 따위를 어림잡아 생각하다.

5 ⬚⬚ : 어떤 내용을 알기 위하여 자세히 살펴보거나 찾아보다.

6 밑줄 그은 어휘의 뜻으로 알맞은 것을 골라 선으로 이으시오.

1 꾸준히 노력해서 운동선수의 꿈을 <u>이루다</u>. ·

· ㉠ 뜻한 대로 되게 하다.

2 나는 결석한 친구를 <u>대신하여</u> 발표를 했다. ·

· ㉡ 어떤 것의 자리나 역할을 바꾸어서 새로 맡다.

7 어휘의 뜻이 맞으면 ○표, 틀리면 ✕표를 하시오.

1 계시다 뜻 '있다'의 높임말 [✎]

2 적시다 뜻 말라서 습기가 없다. [✎]

3 줄거리 뜻 중심이 되는 간추린 내용 [✎]

4 짓다 뜻 논밭을 다루어 농사를 하다. [✎]

8 뜻이 반대인 어휘끼리 짝 지은 것은? [✎　]

① 육지, 땅　　　　　　② 파악, 이해　　　　　　③ 한파, 추위

④ 경사, 비탈　　　　　　⑤ 빼다, 포함하다

9 어휘의 뜻에 맞는 말을 괄호 안에서 골라 ○표를 하시오.

　1　때때로　뜻 경우에 따라서 (가끔 | 자주)

　2　욕심쟁이　뜻 욕심이 (적은 | 많은) 사람

　3　여쭈어보다　뜻 '(듣다 | 물어보다)'의 높임말

　4　납작하다　뜻 (평평하고 | 통통하고) 얇으면서 좀 넓다.

10 괄호 안에 공통으로 들어갈 어휘로 알맞은 것은? [✎　]

> • 엄마는 여러 물건의 가격을 꼼꼼히 (　　　　)했다.
> • 그 선수는 다른 선수와 (　　　　)했을 때 힘이 매우 센 편이다.

① 관람　　　　　　② 비교　　　　　　③ 적응

④ 존중　　　　　　⑤ 조사

11 밑줄 그은 어휘가 문장에 어울리지 않는 것은? [✎　]

① 친구에게 숙제를 도와 달라고 부탁했다.

② 소방관이 건물에 갇힌 사람을 구조했다.

③ 교통사고가 일어나서 응급 상황이 발생했다.

④ 그는 직업을 잃어 생계를 유지하기 어려웠다.

⑤ 이 도로는 평평해서 차가 지나갈 때 크게 흔들린다.

실력 확인 2회

12-14 왼쪽 어휘와 뜻이 비슷한 어휘를 골라 ✓표를 하시오.

12 능력 ☐ 운 ☐ 실력 ☐ 기회

13 갈등 ☐ 축복 ☐ 배려 ☐ 다툼

14 곧다 ☐ 비뚤다 ☐ 반듯하다 ☐ 구불구불하다

15-16 밑줄 그은 어휘와 바꾸어 쓸 수 <u>없는</u> 것을 골라 ✓표를 하시오.

15

> 달걀에는 몸에 좋은 영양분이 <u>풍부하다</u>.

☐ 많다 ☐ 넉넉하다 ☐ 부족하다

16

> 집에 빨리 가기 위해 <u>재빠르게</u> 청소를 했다.

☐ 느리게 ☐ 잽싸게 ☐ 날쌔게

17 어휘의 뜻을 보기 에서 골라 사다리를 타서 도착한 빈칸에 쓰시오.

❶ 약   ❷ 쌍   ❸ 어림   ❹ 흘러들다

☐   ☐   ☐   ☐

보기
㉠ 대강 짐작으로 헤아리다.
㉡ 둘을 하나로 묶어 세는 단위
㉢ 물 따위가 흘러서 들어가거나 들어오다.
㉣ '대강', '대략'의 뜻으로, 그 수나 양에 가까운 정도임을 나타내는 말

관용어 · 속담 · 한자 성어

18 관용어 설명에서 빈칸에 들어갈 알맞은 어휘를 골라 ○표를 하시오.

> 어떤 일을 할 때 빠르게 해내는 사람들이 있다. 이런 사람들을 가리켜 '일을 빠르게 한다.'
> 라는 뜻의 ' [   ] 이 빠르다.'라는 관용어를 사용한다.

손	발	눈

19 속담 설명에서 빈칸에 들어갈 알맞은 어휘를 골라 ○표를 하시오.

> 누구든지 자신을 비판하는 말을 들으면 기분이 좋지 않을 것이다. 하지만 자신의 부족한 점
> 을 인정하고 이를 고치려고 한다면 더 나은 사람이 될 수 있다. 이러한 경우를 나타낸 속담으
> 로 "입에 쓴 [   ] 이 병에는 좋다"라는 말이 있다. 이 속담은 '자기에 대한 충고가 당
> 장은 듣기에 좋지 않더라도 그것을 받아들이면 자신에게 도움이 된다.'라는 뜻이다.

밥	약	물

20 한자 성어 설명에서 빈칸에 들어갈 알맞은 어휘를 골라 ○표를 하시오.

좌불안석	중요한 일을 앞두고 긴장해서 편안히 있지 못하고 돌아다니는
앉다　　　　좌(坐)	사람이 있다. 이럴 때 쓰는 '좌불안석'은 앉아도 자리가 편안하지
아니다　　　불(不)	않다는 뜻이다. 마음이 [ ] 하거나 걱정스러워 한군데에
편안하다　　안(安)	가만히 앉아 있지 못하고 안절부절못하는 모양을 이른다.
자리　　　　석(席)	

고요	만족	불안

memo

정답과 해설
QR 코드

완자

공부력

정답과 해설

어휘

×

초등 전과목

2 B
1-2학년

 책 속의 가접 별책 (특허 제 0557442호)

'정답과 해설'은 진도책에서 쉽게 분리할 수 있도록 제작되었으므로
유통 과정에서 분리될 수 있으나 파본이 아닌 정상 제품입니다.

visang

ABOVE IMAGINATION

우리는 남다른 상상과 혁신으로
교육 문화의 새로운 전형을 만들어
모든 이의 행복한 경험과 성장에 기여한다

완자

공부력

초등 전과목
어휘 2B

· · · ·

정답과 해설

완자

공부력 가이드

완자 공부력 시리즈는
앞으로도 계속 출간될 예정입니다.

국어
맞춤법
바로 쓰기
1~2학년용
4책

쓰기력

전과목
어휘
1~6학년용
12책

전과목
한자
어휘
1~6학년용
12책

영어
파닉스
1~2학년용
2책

영어
영단어
3~6학년용
8책

어휘력

국어
독해
1~6학년용
12책

한국사
독해
인물편
3~6학년용
4책

한국사
독해
시대편
3~6학년용
4책

독해력

수학
계산
1~6학년용
12책

계산력

매일 성장하는
초등 자기개발서
ⓦ 완자

공부력

학습의 기초가 되는 읽기, 쓰기, 셈하기와 관련된
공부력을 키워야 여러 교과를 터득하기 쉬워집니다.
또한 어휘력과 독해력, 쓰기력, 계산력을 바탕으로 한
'공부력'은 자기주도 학습으로 상당한 단계까지 올라갈 수
있는 밑바탕이 되어 줍니다. 그래서 매일 꾸준한 학습이
가능한 '**완자 공부력 시리즈**'로 공부하면 **자기주도 학습이**
가능한 튼튼한 공부 근육을 키울 수 있을 것이라 확신합니다.

효과적인 **공부력 강화 계획**을 세워요!

○ 학년별 공부 계획
내 학년에 맞게 꾸준하게 공부 계획을 세워요!

		1-2학년	3-4학년	5-6학년
기본	독해	국어 독해 1A 1B 2A 2B	국어 독해 3A 3B 4A 4B	국어 독해 5A 5B 6A 6B
	계산	수학 계산 1A 1B 2A 2B	수학 계산 3A 3B 4A 4B	수학 계산 5A 5B 6A 6B
	어휘	전과목 어휘 1A 1B 2A 2B	전과목 어휘 3A 3B 4A 4B	전과목 어휘 5A 5B 6A 6B
		파닉스 1 2	영단어 3A 3B 4A 4B	영단어 5A 5B 6A 6B
확장	어휘	전과목 한자 어휘 1A 1B 2A 2B	전과목 한자 어휘 3A 3B 4A 4B	전과목 한자 어휘 5A 5B 6A 6B
	쓰기	맞춤법 바로 쓰기 1A 1B 2A 2B		
	독해		한국사 독해 인물편 1 2 3 4	
			한국사 독해 시대편 1 2 3 4	

○ 시기별 공부 계획

학기 중에는 **기본**, 방학 중에는 **기본 + 확장**으로 공부 계획을 세워요!

방학 중			
학기 중			
기본			**확장**
독해	계산	어휘	어휘, 쓰기, 독해
국어 독해	수학 계산	전과목 어휘	전과목 한자 어휘
		파닉스(1~2학년) 영단어(3~6학년)	맞춤법 바로 쓰기(1~2학년) 한국사 독해(3~6학년)

예시 **초1 학기 중 공부 계획표** 주 5일 하루 3과목 (45분)

월	화	수	목	금
국어 독해	국어 독해	국어 독해	국어 독해	국어 독해
수학 계산	수학 계산	수학 계산	수학 계산	수학 계산
전과목 어휘	파닉스	전과목 어휘	전과목 어휘	파닉스

예시 **초4 방학 중 공부 계획표** 주 5일 하루 4과목 (60분)

월	화	수	목	금
국어 독해	국어 독해	국어 독해	국어 독해	국어 독해
수학 계산	수학 계산	수학 계산	수학 계산	수학 계산
전과목 어휘	영단어	전과목 어휘	전과목 어휘	영단어
한국사 독해 인물편	전과목 한자 어휘	한국사 독해 인물편	전과목 한자 어휘	한국사 독해 인물편

01 거울 때문에 생긴 일

본문 8-11쪽

01 뜻 (잊었던 | ⟮가졌던⟯) 물건이 자신도 모르게 없어져 그것을 (갖게 | ⟮갖지 않게⟯) 되다.

02 부탁

03 ⟮도착한다⟯

> • 전하다: (누구에게 남의 물건을) 옮겨다 주다.
> • 방문하다: 사람을 찾아가서 만나다.
> • 지나가다: (어떤 곳을) 머무르거나 들르지 않고 거쳐서 가다.

04 ④ 타일렀다

> ① 달래다: (기분을 맞추어 가면서 누구를) 구슬리거나 타이르다.
> ② 위로하다: (몸이나 마음의 괴로움이나 피로가 풀어지도록) 좋은 말과 행동으로 따뜻하게 대하다.
> ③ 부탁하다: 어떤 일을 해 달라고 청하고 맡기다.
> ⑤ 베풀다: (은혜 · 사랑 · 덕을) 받아 누리게 하다.

05 **1** 싫 다　**2** 많 다　**3** 끓 는 다

06 ☑ 놀라거나 어이가 없어 말이 나오지 않는다.

> '나'는 연필을 부러뜨리고 도리어 화를 내는 친구의 행동에 어이가 없었을 것이다. '말을 잃었다'는 '놀라거나 어이가 없어 말이 나오지 않는다.'는 뜻의 말이다. 첫 번째 문장은 '말이 물 흐르듯 하다', 두 번째 문장은 '말만 앞세우다'라는 말의 뜻이다.

07 ☑ 엄마는 진우에게 간식을 줄이고 운동을 하라고 말씀하셨다.

> '입에 쓴 약이 병에는 좋다'는 속담은 듣기 싫은 말이라도 그것을 받아들이면 자신에게 도움이 된다는 뜻이다. 첫 번째 문장에서 엄마는 진우의 생활 태도에 관한 충고를 하신 것이므로 이 속담을 사용하기에 알맞은 상황이다.

08 거 울 을 처음 본 사람들의 이야기

> 이 글에 나온 장사꾼 부부와 사또는 거울을 난생처음 보고 그 안에 비친 사람들이 자신인 줄 몰라서 오해를 한다. 그리고 이로 인해 여러 가지 일이 벌어진다.

09 ② 거울을 사다 달라고 하였다.

> 장사꾼의 아내는 한양에 거울이라는 귀한 물건이 있으니 사다 달라고 부탁하였다.

10 ☑ 사또

> 장사꾼 부부와 사또는 거울을 태어나서 처음 봤기 때문에 거울이 자신의 얼굴을 비춘다는 사실을 몰랐다. 사또는 거울에 자신의 모습이 비추자 새로운 사또가 왔다고 생각했다.

02 꼭 지켜야 해요

01 ❶ 공연 ❷ 입장

02 좌석

> • 출석: 수업이나 모임 등에 참석하는 것
> • 방석: 어디에 앉을 때에 밑에 깔고 앉는 작은 깔개
> • 결석: 학교나 모임에 참석하지 않는 것

03 ② 보려고

04 ❶ 장소 ❷ 공장

05 ⑤ 반복하다 - 되풀이하다

> '입장'과 '퇴장'은 서로 뜻이 반대되는 어휘이다. ⑤의 '반복하다', '되풀이하다'는 뜻이 비슷한 관계이고, ①, ②, ③, ④는 〈보기〉와 같이 뜻이 반대되는 관계이다.

06 ⑤ 자기와 관계없는 일이라고 무관심하게 굴다.

> 친구를 도와주자는 효리의 말에 찬휘는 끼어들기 싫다고 말하고, 효리는 가만히 있지 말자고 하였으므로 ⑤와 같은 의미로 보는 것이 알맞다.
> ① '발이 묶이다'라는 말의 뜻이다.
> ② '손가락 안에 꼽히다'라는 말의 뜻이다.
> ③ '첫 단추를 끼우다'라는 말의 뜻이다.
> ④ '찬밥 더운밥 가리다'라는 말의 뜻이다.

07 ☑ 아픈 동생이 걱정되어 어머니는 _____이었다.

> 아픈 동생을 걱정하는 어머니는 마음이 불안하고 걱정스러울 것이므로 '좌불안석'이라는 한자 성어를 사용하기에 알맞다. 두 번째 문장과 세 번째 문장에는 여러 사람의 말이 한결같음을 뜻하는 '이구동성(異口同聲)'이 들어가는 것이 어울린다.

08 공 연 을 관람할 때 지켜야 할 점

> 이 글은 공연장에서 공연을 관람할 때에 지켜야 할 점을 안내하는 글이다.

09 ② 정해진 자리에 앉기

> 이 글의 첫 번째 항목에서 공연이 시작하기 전에 입장하여 지정된 좌석에 앉아서 공연을 관람해야 함을 알 수 있다.

10 ☑ 공연을 관람할 때에는 휴대 전화를 꺼 두셔야 합니다.

> 그림 속 사람은 공연 중에 휴대 전화를 들고 통화를 하여 다른 사람들의 공연 관람을 방해하고 있다. 이 사람에게는 휴대 전화를 꺼 두라는 항목과 관련된 이야기를 해야 한다.

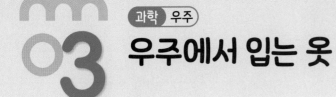

01 (물건 | ⟨공기⟩) 따위의 기체가 (꽉 차 있는 | ⟨전혀 없는⟩) 공간

02 장비

03 ⟨옷차림⟩

04 ⓒ

> ⓒ에는 '높다'와 같은 어휘가 들어가야 한다.

05 ④ 장난감

> '장난감'은 아이들이 가지고 노는 여러 가지 물건을 뜻하는 말로, 느낌이라는 뜻을 더하는 말인 '-감'이 사용되지 않았다.
> ① 자신감: 자신이 있다는 느낌
> ② 책임감: 맡아서 해야 할 의무를 중요하게 여기는 마음
> ③ 위기감: 위기에 처해 있거나 위기가 닥쳐오고 있다는 불안한 느낌
> ⑤ 긴장감: 긴장한 느낌

06 ☑ 없는 것이 없다

> 제시된 문장의 앞뒤 내용으로 볼 때 빈칸에는 모든 것이 다 있다는 표현이 들어가는 것이 알맞으므로 모든 것이 다 갖추어 있다는 뜻의 '없는 것이 없다'가 들어가야 한다.

07 ① 빈 수레가 요란하다

> 현호가 축구를 잘한다며 뽐냈지만 실제로는 축구를 잘 못했다는 내용이므로, '실속 없는 사람이 겉으로 더 떠든다.'는 뜻의 '빈 수레가 요란하다'가 들어가는 것이 알맞다.
> ② 일이 이미 잘못된 뒤에는 손을 써도 소용이 없음을 비꼬는 말이다.
> ③ 말을 삼가야 함을 비유적으로 이르는 말이다.
> ④ 말만 잘하면 어려운 일이나 불가능해 보이는 일도 해결할 수 있다는 말이다.
> ⑤ 크고 작고, 이기고 지고, 잘하고 못하는 것은 실제로 겨루어 보거나 겪어 보아야 알 수 있다는 말이다.

08 우 주 비 행 사 가 우주에서 입는 옷

> 이 글은 우주 비행사들이 우주에서 입는 옷인 우주복의 특징을 설명하고 있다.

09 ② 무게는 10킬로그램 정도로 가벼운 편이다.

> 다양한 장치가 달려 있는 우주복의 무게는 100킬로그램 정도로 매우 무거운 편이다.

10 ⟨진공 상태⟩

> 이 글의 첫 문장을 통해 우주는 지구와 달리 공기가 없는 진공 상태이기 때문에 숨을 쉴 수 없음을 알 수 있다.

가족끼리 생각이 달라요

01 갈등

02 역할

> • 자리: 사회에서 어떤 책임을 지는 지위
> • 자격: 일정한 신분이나 지위
> • 장비: 어떤 일을 하기 위하여 지니거나 갖추어야 하는 물건

03 **1** 화목 **2** 존중

04 **1** 중요 **2** 소중

05 **1** ㉠ **2** ㉠ **3** ㉡

06 ④ 한마음 한뜻으로

> 민우가 1등을 해서 우리 반이 상품을 받는 것은 모두 바라는 것이기 때문에 '여러 사람의 마음과 뜻이 하나와 같음.' 의 뜻을 가진 '한마음 한뜻으로'가 들어가는 것이 알맞다.
> ① 아주 짧은 시간이라도 아끼어 급하게 서두르다.
> ② 몸을 움직일 수 없거나 활동할 수 없는 형편이 되다.
> ③ 말이나 행동을 몹시 이랬다 저랬다 하다.
> ⑤ 귓전에서 사라지지 않고 들리는 듯하다.

07 ☑ 그는 부잣집에서 금이야 옥이야 귀하게 자란 사람이다.

> 매우 귀하고 중요하게 여겼다는 뜻의 속담이므로 세 번째 문장처럼 그 사람이 귀하게 컸다는 뜻의 문장에 사용하는 것이 알맞다.

08 가족 간에 생기는 갈 등 의 원인과 해결 방법

> 이 글에서는 서로의 역할에 대한 기대가 달라서 생기는 가족 간의 갈등을 말하며 이를 해결할 수 있는 방법을 제시하였다.

09 ④ 서로의 역할에 대한 기대가 다르기 때문에

> 이 글에서 가족 각자의 역할에 대한 서로의 기대가 다르기 때문에 갈등이 생기는 경우가 있다고 하였다.

10 ⑤ 서로 원하는 것 모두 들어주기

> 갈등을 해결하고 화목한 가정을 만들기 위해서는 한쪽이 원하는 대로 하는 것은 바람직하지 않다고 하였다. 가족들이 각자의 역할을 바르게 알고 실천하며 많은 대화를 나누는 것이 중요하다.

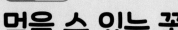
01 ㉡

02 (납작한)

💬 • 단단하다: 무르지 않고 굳다. 헐겁거나 느슨하지 않다.
   • 조그마하다: 조금 작다.
   • 울퉁불퉁하다: 물체의 거죽이나 표면이 고르지 않고 나오고 들어가다.

03 (없애려면) | 문지르려면 | 드러내려면

04 1 대신   2 제거   3 목적

05 1 (맞아 | (맡아))   2 (역활 | (역할))
   3 ((제거하였다) | 재거하였다)   4 ((납작한) | 납짝한)

06 ☑ 귀가 얇다

💬 세호는 장기자랑에서 자신이 할 것을 스스로 결정하지 못하고 은유와 민지의 말을 듣고 이랬다저랬다 하며 그대로 하려고 한다.

07 ④ 더운 날 에어컨이 고장이 나서 대신 선풍기를 틀었다.

💬 에어컨 대신 더위를 식히려고 선풍기를 트는 상황에 '꿩 대신 닭'이라는 속담을 사용하기에 알맞다.
   ① '닭 잡아먹고 오리발 내놓기'를 쓰기에 알맞은 상황이다.
   ② '돌다리도 두들겨 보고 건너라'를 쓰기에 알맞은 상황이다.
   ③ '병 주고 약 준다'를 쓰기에 알맞은 상황이다.
   ⑤ '꿩 먹고 알 먹는다'를 쓰기에 알맞은 상황이다.

08 음식의 재료로 사용할 수 있는 [꽃]

💬 이 글에서는 꽃을 사용한 음식인 화전과 꽃을 먹을 때 주의해야 할 점을 설명하고 있다.

09 ① 화전은 진달래꽃으로만 만들 수 있다.

💬 우리 조상들은 화전을 진달래꽃으로 만들었지만, 진달래꽃이 없을 때에는 매화꽃으로 대신하여 만들기도 했다. 지금도 다양한 꽃으로 화전을 만든다.

10 ㉡

💬 꽃술에는 독이 있는 성분이 있을 수도 있고, 꽃가루 때문에 알레르기가 생길 수도 있으므로 꽃술과 꽃받침을 없애고 꽃잎으로 화전을 만든다.

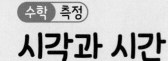
06 시각과 시간

본문 28-31쪽

01 ☑ 계산해 - 다르네

02 ④ 대략

> ① 순간: 아주 짧은 시간
> ② 딱히: 정확하게 꼭 집어서
> ③ 엄청: (양이나 정도가) 생각보다 훨씬 많거나 대단하게
> ⑤ 조금: 작은 분량이나 정도

03 어림하였다

> • 믿다: 진실이라고, 옳다고, 또는 사실이라고 생각하다.
> • 확신하다: 굳게 믿다.
> • 의심하다: 무엇을 이상하게 여겨 믿을 수 없다.

04 **1** 합계   **2** 시계

05 **1** ㉠   **2** ㉡

06 **1** (다른 | (틀린))   **2** ((다른) | 틀린)   **3** ((다르다) | 틀리다)

07 ⑤ 속으로는 안 좋게 생각하면서 겉으로는 좋은 것처럼 꾸며 행동하다.

> 동화의 등장인물인 여우는 속으로는 호랑이를 싫어하고 흉보면서 겉으로는 호랑이를 칭찬하고 좋아하는 척 꾸며
> 행동한다.
> ① '겉이 고우면 속도 곱다'라는 속담의 뜻이다.
> ② '속에 뼈 있는 소리'라는 속담의 뜻이다.
> ③ '속으로 호박씨만 깐다'라는 속담의 뜻이다.
> ④ '겉 보기가 속 보기'라는 속담의 뜻이다.

08 시 각 과 시간의 차이와 시계를 보는 방법

> 이 글은 시각과 시간의 차이를 설명한 후, 시계를 보고 시간과 시각을 아는 방법을 설명하고 있다.

09 ④ 긴바늘이 작은 눈금 한 칸을 가는데 1시간이 걸린다.

> 시계의 긴바늘은 '분'을 알려 주는 것으로, 긴바늘이 작은 눈금 1칸을 가는데 1분이 걸린다.

10 시간

> 엄마는 숙제를 시작한 시각부터 끝난 시각까지 얼마나 걸렸는지 묻고 있으므로 '시간'이 들어가야 알맞다.

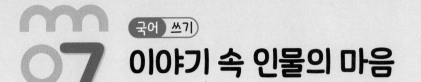

01 줄거리

02 ⑤ 욕심쟁이

> ① 겁쟁이: 겁이 많은 사람　　　　　② 멋쟁이: 멋을 잘 내거나 멋이 있는 사람
> ③ 변덕쟁이: 생각이나 감정이 자주 변하는 사람　　④ 수다쟁이: 몹시 수다스러운 사람

03 ⓒ

04 이해했다

05 1 (욕심장이 | 욕심쟁이)　　2 (양복장이 | 양복쟁이)　　3 (멋장이 | 멋쟁이)

> 1 간식을 나눠 주지 않는 욕심을 부리는 사람을 나타내므로 '욕심쟁이'가 알맞다.
> 2 양복을 만드는 기술을 가진 사람을 나타내므로 '양복장이'가 알맞다.
> 3 멋을 많이 부리는 사람을 나타내므로 '멋쟁이'가 알맞다.

06 ⑤ 욕심 때문에 제대로 판단하지 못하다.

> 박 씨는 다른 사람의 보물을 훔치면 안 되는 것을 알면서도 눈앞에 있는 금은보화를 보자 올바르게 판단하지 못하고 보물을 훔쳤다. '욕심이 앞을 가리다'는 욕심 때문에 제대로 판단하지 못한다는 뜻의 말이다.

07 ④ 현지가 엄마의 허락도 받지 않고 친구네 집에 놀러갈 계획을 짠 상황

> 현지는 엄마에게 허락을 받아야 친구네 집에 놀러 갈 수 있음에도 허락도 받지 않고 친구네 집에서 놀 계획을 짜고 있다.
> ① '마른 하늘에 날벼락'이라는 속담이 어울리는 상황이다.
> ② '자라 보고 놀란 가슴 솥뚜껑 보고 놀란다'라는 속담이 어울리는 상황이다.
> ③ '도토리 키 재기'라는 속담이 어울리는 상황이다.
> ⑤ '사공이 많으면 배가 산으로 간다'라는 속담이 어울리는 상황이다.

08 이야기 속 인물의 마음을 짐작하며 편 지 쓰기

> 이 글에서 선생님은 학생들에게 이야기 속 인물의 마음을 짐작하며 편지를 쓰는 방법을 알려 주고 있다.

09 ② 인물에게 일어나지 않은 일을 상상한다.

> 이야기 속 인물에게 일어난 일을 생각하면서 인물의 마음을 파악할 수 있지만, 인물에게 일어나지 않은 일은 상상하는 것은 인물의 마음을 파악하는데 도움이 되지 않는다.

10 ☑ 흥부에게 일어난 일

> 선생님은 지수에게 흥부에게 어떤 일이 일어났는지, 그 때 흥부의 마음은 어땠을지 생각하며 편지를 쓰라고 하셨다.

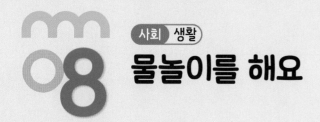

08 물놀이를 해요

01 ❶ 규칙 ❷ 보호자

02 1 구조하다 2 적시다

03 　적셔

　• 말리다: 물기를 다 날려서 없애다.
　• 녹이다: 얼음이나 얼음같이 매우 차가운 것을 열로 액체가 되게 하다.
　• 버티다: 오래 참고 견디다.

04 1 조수 2 조언

05 1 과학 2 기술 3 연기

06 ① 쉽다 – 어렵다

　①의 '쉽다'는 하기가 까다롭거나 힘들지 않다는 뜻이고, '어렵다'는 하기가 까다로워 힘에 겹다는 뜻이다. 두 어휘
　는 뜻이 반대인 관계의 어휘들이다. ⑤의 '사라지다'와 '없어지다'는 뜻이 비슷한 관계의 어휘들이고, 나머지는 아무
　런 관계가 없는 어휘들이다.

07 ⑤ 남의 도움을 받고서 고마움을 모르고 트집을 잡는다는 말

　밑줄 그은 속담은 동생의 숙제를 도와줬는데도 동생이 고마워하기는커녕 트집을 잡는 상황에 사용한 것이다.

08 물놀이를 할 때 지켜야 할 　규　칙

　이 글은 물놀이를 안전하고 재미있게 즐기기 위해 지켜야 할 규칙에 대해 설명하고 있다.

09 ⑤ 보호자가 보이지 않는 곳에서 자유롭게 물놀이를 한다.

　보호자가 지켜볼 수 있는 곳에서 머물러야 혹시 생길지도 모를 사고를 예방할 수 있다.

10 ④ 물에 빠진 사람이 있다고 소리친다.

　물에 빠진 사람을 발견하면 즉시 주위에 큰 소리를 쳐서 사람이 빠졌다고 알리고 119에 신고하여 구조를 요청해야
　한다.
　① 물에 빠진 사람을 혼자 구조하려고 하면 안 된다.
　② 물에 빠진 사람을 보면 근처에 있는 보호자에게 알려야 한다.
　③ 물에 빠진 사람을 보면 119에 곧바로 신고해야 한다.
　⑤ 물에 빠진 사람을 보면 주위에 소리쳐서 알려야 한다.

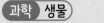
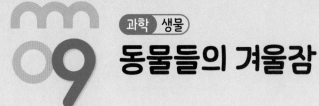
01 부족

02 ㉡

> 💬 '때때로'는 '경우에 따라서 가끔'이라는 뜻이므로 ㉡ 문장에 나와 있는 '매일'이라는 말과 어울리지 않는다.

03 ③ 조절해야

> 💬 ① 고치다: (헐거나 못쓰게 된 것을) 손질하여 쓸 수 있게 하다.
> ② 줄이다: (무엇의 길이나 크기를) 줄게 하다.
> ④ 조심하다: 잘못이나 실수를 없게 하려고 정신을 차리고 주의를 하다.
> ⑤ 조사하다: 모르거나 분명하지 않은 것을 알기 위해 자세히 살피거나 찾아보다.

04 ① 체중 ② 체온

05 ☑ 엄마는 가볼 <u>때</u>가 있다고 밖으로 나가셨다.

> 💬 첫 번째 문장에는 시간의 어떤 순간이나 부분을 나타내는 '때'가 아닌 곳이나 장소를 나타내는 '데'를 사용해야 한다.

06 ① 부족하지 않다 ② 필요하지 않다

07 ④ 찬은이가 운동을 무리하게 해서 몸이 아파 힘든 상황

> 💬 운동을 지나치게 하는 바람에 몸이 아프게 된 것은 운동을 하지 않은 것보다 못한 상황이므로 '과유불급'을 사용하기에 알맞다.
> ① 비몽사몽(非夢似夢): '완전히 잠이 들지도 잠에서 깨어나지도 않은 어렴풋한 상태'와 어울리는 상황이다.
> ② 대동소이(大同小異): '큰 차이 없이 거의 같음.'과 어울리는 상황이다.
> ③ 동문서답(東問西答): '물음과는 전혀 상관없는 엉뚱한 대답'과 어울리는 상황이다.
> ⑤ 기우(杞憂): '앞일에 대해 쓸데없는 걱정을 함.'과 어울리는 상황이다.

08 겨 울 잠 을 자는 동물들

> 💬 이 글은 곰, 뱀, 개구리 등의 동물들이 겨울잠을 자며 겨울을 보내고 있음을 설명하고 있다.

09 ① (X) ② (○) ③ (○) ④ (○)

> 💬 동물들은 겨울잠을 자는 동안 체온을 유지할 수 있다.

10 ④ 체온이 내려가는 것을 막기 위해서

> 💬 뱀은 스스로 체온을 조절하지 못한다. 그래서 추운 겨울에 추위를 피하기 위해 땅 속에서 겨울잠을 자며 체온이 내려가는 것을 막는다.

01 진지

02 **1** 진지 **2** 주무시다

03 ⑤ 우리 학교는 시내 중심에 <u>계신다</u>.

> ⑤에는 '계시다'보다 '일정한 곳에 자리를 차지하다.'는 뜻의 '위치하다'를 사용하거나 '있다'를 사용하는 것이 알맞다.

04 ㉠

05 **1** 연세 **2** 께서 **3** 생신

> **1** 높임의 대상에게는 '나이'라는 말 대신에 '연세'를 사용해야 한다.
> **2** 높임의 대상에게는 '가' 대신에 '께서'를 사용해야 한다.
> **3** 높임의 대상에게는 '생일'이라는 말 대신에 '생신'을 사용해야 한다.

06 ☑ 다리를 뻗고 자다

> '다리를 뻗고 자다'는 마음 놓고 편히 잔다는 뜻의 말이다. 숙제를 하지 않아 불안했던 윤후는 숙제를 다 한 후 안심하고 편하게 잘 수 있었을 것이므로 '다리를 뻗고 자다'가 밑줄 그은 부분에 들어가는 것이 알맞다.
> • 할 말을 잊다: 놀랍거나 어처구니 없는 일을 당하여 기가 막히다.
> • 첫 단추를 끼우다: (사람이) 새로운 일을 시작하다.

07 ⑤ 기쁜 일이 있어 만족스럽다.

> 엄마는 민지가 100점을 맞자 매우 기뻐하고 만족하시면서 '밥 안 먹어도 배부르다'고 말씀하셨다.
> ① '밥 먹듯 하다'라는 말의 뜻이다.   ② '배를 불리다'라는 말의 뜻이다.
> ③ '밥 구경을 하다'라는 말의 뜻이다.   ④ '배가 아프다'라는 말의 뜻이다.

08 방 학 을 맞아 할아버지, 할머니를 뵈러 간 날

> 이 글은 글쓴이가 방학이 되어 시골에 계신 할아버지 댁에 놀러 간 일을 쓴 글이다.

09 ② 낮잠을 잤다.

> 글쓴이가 할아버지 댁에 갔을 때 잠시 주무시고 계셨던 것은 할머니로, 글쓴이는 낮잠을 잔 적이 없다.

10 친구야, 밥 먹어.

> '진지'는 '밥'의 높임말이고 '잡수시다'는 '먹다'의 높임말이다. 친구에게는 높임 표현을 사용하지 않으므로 '밥 먹어'라고 말할 수 있다.

01 며칠

02

💬 '붓다'는 '액체나 가루 따위를 다른 곳에 담다.'라는 뜻이므로 '(눈물 · 땀 · 피 등을) 흐르게 하다.'라는 뜻의 '흘리다'와 뜻이 비슷하지 않다.

03 ③ 맞이했다

04

💬 • 바라다: (어떤 일이) 어떻게 되었으면 하고 기대하거나 원하다.
　• 원하다: 바라거나 청하다.
　• 인사하다: 사람들이 처음 만나서 서로 이름을 알려 주며 자기를 소개하다.

05 **1** (붓어라 | 부어라)　　**2** (붓고 | 부고)　　**3** (붓어서 | 부어서)

06 **1** ㉠　　**2** ㉡

07 ⑤ 아무리 힘을 들여도 보람 없는 일이 되다.

💬 '밑 빠진 독에 물 붓기'는 민지에게 용돈을 주어도 다 써서 계속 없어지는 상황에 대한 엄마의 말이다. 이 속담은 밑 빠진 독에 아무리 물을 부어도 독이 채워지지 않는다는 뜻으로, 아무리 힘이나 돈, 재주, 기술을 들여도 보람 없이 헛된 일이 된다는 의미이다.
① '목이 빠지게 기다리다'라는 말의 뜻이다.
② '갈림길에 서다'라는 말의 뜻이다.
③ '눈뜨고 도둑맞는다'라는 말의 뜻이다.
④ '변덕이 죽 끓듯 하다'라는 말의 뜻이다.

08 우리 조상들의 결혼인 혼 례

💬 이 글에서는 우리 조상들의 혼례 과정 중에서 초례, 신행, 폐백에 대해 설명하고 있다.

09 ③ 초례

💬 옛날에는 결혼을 '혼례'라고 하고, 신랑과 신부가 처음 만나서 식을 올리는 것을 '초례'라고 하였다.

10 ☑ 초례를 마친 신랑과 신부는 며칠 동안 신랑의 집에 머물렀다.

💬 전통 혼례에서는 신랑이 신부 집에 가서 초례를 올리고, 초례를 마친 뒤 며칠 동안 신부의 집에 가서 머물렀다. 그 후에 신랑과 신부가 함께 신랑의 집으로 갔다.

12 날개를 쓰는 방법

01 쌍

02 ㉡

03 (느리게)

04 ④ 버티지

05 **1** | 여 | 섯 | | 명 | **2** | 다 | 섯 | | 마 | 리 |

'명'은 사람을 세는 단위, '마리'는 동물을 세는 단위이므로 앞말과 띄어 써야 한다.

06 **1** ㉠   **2** ㉢   **3** ㉡

'대'는 차나 기계, 악기를 세는 단위, '벌'은 옷을 세는 단위, '켤레'는 신, 양말 따위의 짝이 되는 두 개를 한 벌로 세는 단위이다.

07 ② 일하는 것이 빠르다.

유나와 유나의 짝은 다른 사람들보다 빠르게 케이크를 만들었다. '손이 빠르다'는 일을 빠르게 한다는 의미로 쓰인다.
① '손을 떼다'라는 말의 뜻이다.
③ '손이 맵다'라는 말의 뜻이다.
④ '손이 느리다'라는 말의 뜻이다.
⑤ '손이 비다'라는 말의 뜻이다.

08 | 곤 | 충 | 이 날개를 써서 하늘을 나는 방법

이 글에서는 곤충 날개의 특징과 함께 곤충이 날개를 사용하는 방법을 설명하였다.

09 **1** ○   **2** ○   **3** ✕

이 글에서 곤충의 날개 전체에 사람의 핏줄처럼 가느다란 줄들이 있다고 하였지만 소용돌이 모양이라고 하지는 않았다. 공기의 소용돌이는 날개를 파닥거리면 생기는 것이다.

10 ⑤ 앞뒤 날개를 번갈아 가며 움직여서

잠자리는 두 쌍으로 이루어진 날개를 한꺼번에 움직이지 않고 앞과 뒤의 날개를 번갈아 가며 움직인다. 이런 날개의 움직임 때문에 앞뒤로 날거나 공중에서 멈춘 순간에도 갑자기 빠르게 움직일 수 있다.

01 합계

02 ㉠

> 💬 '참고'는 '살펴서 도움이 될 만한 재료로 삼다.'라는 뜻으로 ㉠ 문장에는 어울리지 않는다. ㉠ 문장의 빈칸에는 '느낌이나 생각을 말, 글, 예술 작품 등으로 나타내다.'라는 뜻의 '표현'이 어울린다.

03 ④ 살펴보았다

> 💬 ① 알아내다: (방법이나 수단을 써서 모르던 것을) 알 수 있게 하다.
> ② 이용하다: 필요에 맞게 이롭게 쓰다.
> ③ 상상하다: 실제로는 없거나 보이지 않는 것의 모양을 생각 속에 꾸미다.
> ⑤ 궁금하다: (일이 어떻게 되었는지) 매우 알고 싶다.

04 **1** 참고하다 **2** 나타내다 **3** 조사하다

05 **1** ㉡ **2** ㉢ **3** ㉠

06 ④ 어떤 생각이나 사실을 말로 드러내다.

> 💬 임금님은 모자 만드는 사람에게 자신의 비밀을 말하면 큰 벌을 내리겠다는 의미로 말하였다. 그러므로 '입 밖에 내다'는 말은 어떤 사실을 말한다는 뜻이다.
> ① '말을 잃다'라는 말의 뜻이다.
> ② '입을 모으다'라는 말의 뜻이다.
> ③ '귀가 따갑다'라는 말의 뜻이다.
> ⑤ '말도 못하다'라는 말의 뜻이다.

07 ☑ 두 선수의 실력이 <u>타산지석</u>이라서 쉽게 1등을 가릴 수 없다.

> 💬 두 선수의 실력이 비슷해서 1등을 가릴 수 없는 상황에는 '더 낫고 더 못함의 차이가 거의 없음.'의 뜻을 가진 '막상막하(莫上莫下)'가 어울린다.

08 [김]을 좋아하는 학생의 수

> 💬 이 문제의 마지막 문장에서 2학년 1반 학생 중에서 김을 좋아하는 사람은 몇 명인지 묻고 있다.

09 달걀말이: [5], 오이무침: [3], 잡채: [5], 김: [7]

> 💬 2학년 1반 20명의 학생 중 달걀말이를 좋아하는 학생은 5명, 오이무침을 좋아하는 학생은 3명, 잡채를 좋아하는 학생은 5명이다. 20−5−3−5=7로 김을 좋아하는 학생은 7명이다.

10 김

> 💬 김을 좋아하는 학생은 7명으로 달걀말이, 오이무침, 잡채를 좋아하는 각각의 학생 수보다 많다.

14 농촌에서 하는 일

01 장맛비

02 뜻 (여름철 | 겨울철)에 기온이 갑자기 (올라가는 | 내려가는) 현상

03 짓다

💬 • 적시다: (어떤 것을) 젖게 만들다.
   • 기르다: (식물이나 동물을) 보살펴서 자라게 하다.
   • 버티다: 오래 참고 견디다.

04 ④ 평평하게

💬 ① 부드럽다: (살갗에 닿는 느낌이) 거칠거나 딱딱하지 않고 푹신푹신하거나 무르고 매끈매끈하다.
   ② 기름지다: 식물이 잘 자랄 수 있게 하는 성분이 많이 들어 있다.
   ③ 깊숙하다: 꽤 깊다.
   ⑤ 비스듬하다: 한쪽으로 조금 기울어져 있다.

05 1 ㉠   2 ㉢   3 ㉡

06 1 ㉢   2 ㉡   3 ㉠

07 ② 가는 날이 장날

💬 주희네 가족은 한라산에 오를 계획이었는데 갑작스러운 한파와 눈 때문에 이 계획을 망쳤다. 그러므로 어떤 일을 하려고 하는데 뜻하지 않은 일을 우연히 당하게 되는 것을 비유적으로 이르는 말인 '가는 날이 장날'이 어울리는 상황이다.
   ① 얕은수로 남을 속이려 한다는 말이다.
   ③ 교활하고 음흉한 자의 행동을 비유적으로 이르는 말이다.
   ④ 모든 일에는 질서와 차례가 있는 법인데 일의 순서도 모르고 성급하게 덤빔을 비유적으로 이르는 말이다.
   ⑤ 잘 아는 일이라도 세심하게 주의를 하라는 말이다.

08 각 계 절 에 농촌에서 하는 일

💬 이 글에서는 봄, 여름, 가을, 겨울 각 계절에 농촌에서 하는 일을 설명하고 있다.

09 1 ㉣   2 ㉠   3 ㉡   4 ㉢

💬 이 글에서는 봄, 여름, 가을, 겨울의 순서로 농촌에서 하는 일을 설명하고 있으므로, 순서에 따라 알맞은 내용을 찾을 수 있다.

10 비닐하우스

💬 비닐하우스는 겨울에도 농사를 짓기 위해 비닐을 덮어 만든 온실이다.

15 갯벌이 좋아요

본문 64~67쪽

01 경사

02 (귀해서)

> '귀하다'는 구하거나 얻기가 아주 힘들 만큼 드물다는 뜻이다.

03 1 완만하다 2 보호하다

04 1 보존 2 보온

05 ④ 감추다 - 나타내다

> '나타내다'는 '보이지 아니하던 어떤 대상이 모습을 드러내다.', '감추다'는 '남이 보거나 찾아내지 못하도록 가리거나 숨다.'는 뜻을 지니므로 두 어휘는 뜻이 반대된다.

06 1 많 이 2 곤 란 해 3 비 스 듬 히

07 ④ 여러 사람이 자기 생각만 내세우면 일이 제대로 되지 않는다.

> 배는 물 위로 떠서 가는 것인데 배가 산으로 가는 것은 제대로 가지 않는다는 말이다. 그러므로 "사공이 많으면 배가 산으로 간다"라는 속담은 여러 사람이 자기 생각만 내세우면 일이 되지 않는다는 뜻이다.
> ① '오르지 못할 나무는 쳐다보지도 마라'의 뜻이다.
> ② '꿩 대신 닭'의 뜻이다.
> ③ '벼 이삭은 익을수록 고개를 숙인다'의 뜻이다.
> ⑤ '가랑비에 옷 젖는 줄 모른다'의 뜻이다.

08 갯 벌 의 이로운 점

> 이 글에서는 갯벌이 무엇인지를 설명한 후에 갯벌의 좋은 점을 제시하였다.

09 ② 더러운 강으로 물질을 내보낸다.

> 갯벌에 사는 다양한 생물은 강에서 바다로 흘러드는 더러운 물질을 깨끗하게 만든다고 하였다. 또한 강물이 바다로 흘러드는 것이므로 갯벌이 강으로 더러운 물질을 내보내지 않는다.

10 ☑ 산소와 먹이가 풍부해서

> 갯벌에는 생물에게 필요한 산소와 먹이가 풍부하게 있기 때문에 다양한 생물들이 살 수 있다고 하였다.

16

수학 도형

원, 삼각형, 사각형의 특징

01 **1** (**곧은** | 굽은)　　**2** (곧은 | **굽은**)

02 비교

03 **길쭉한**

> • 튼튼하다: (물건이) 매우 단단하고 약하지 않다. 질기다.
> • 짤막하다: 조금 짧은 듯하다.
> • 평평하다: (높은 데와 낮은 데가 없이) 바닥이 고르고 반듯하게 퍼져 있다.

04 **1** 비유　　**2** 대비

05 **1** ㉠　　**2** ㉡　　**3** ㉡

> **1** '생선을 굽다'라고 했으므로 '굽다'가 '불에 익히다'라는 뜻으로 쓰였다.
> **2** '꼬불꼬불 굽은 산길'이라고 했으므로 '굽다'가 '한쪽으로 휘다'라는 뜻으로 쓰였다.
> **3** '고무 막대가 쉽게 굽는다'라고 했으므로 '굽다'가 '한쪽으로 휘다'라는 뜻으로 쓰였다.

06 **1** (길죽한 | **길쭉한**)　　**2** (**곧은** | 곳은)　　**3** (**비뚤어지지** | 삐뚫어지지)

07 ☑ 지호는 서아에게 **단도직입**으로 좋아한다고 말했다.

> 지호가 말을 돌리지 않고 서아에게 곧바로 고백했다는 문장이므로 곧바로 중요한 내용을 말한다는 뜻의 '단도직입'을 사용하기에 알맞다.
> • 두 번째 문장: 민우에게 나쁜 일이 겹쳐서 일어났다. 그러므로 눈 위에 서리가 덮인다는 뜻으로, 난처한 일이나 불행한 일이 잇따라 일어난다는 뜻의 '설상가상(雪上加霜)'이 알맞다.
> • 세 번째 문장: 유나가 다른 사람이 모자를 가져갔을까 봐 걱정하고 있으므로 마음이 불안하거나 걱정스러워서 한군데에 가만히 오래 앉아 있지 못한다는 뜻의 '좌불안석(坐不安席)'이 들어가야 알맞다.

08 원, 삼 각 형 , 사각형의 모양과 특징

> 이 글에서는 원, 삼각형, 사각형이 어떤 모양인지 설명하고, 삼각형과 사각형의 변과 꼭짓점이 몇 개인지 알려 주고 있다.

09 ③ 굽은 선으로 이어져 있다.

> 원은 뾰족한 부분 없이 굽은 선으로 둥글게 그려져 있으며, 찌그러진 곳 없이 어느 쪽에서 보아도 동그란 모양이다.

10 ② 7개

> 삼각형의 꼭짓점 3개, 사각형의 꼭짓점 4개를 모두 합하면 7개이다.

17 사람을 구하는 교통수단

01 ❶ 순식간 ❷ 출동

02 <처치하였다>

> • 조절하다: 어떤 사정이나 조건에 알맞게 만들다.
> • 제거하다: 바람직하지 않은 것을 없애 버리다.
> • 주의하다: 경고나 충고하기 위하여 일깨워 주다.

03 ㉡

> ㉡의 빈칸에는 부름이나 물음에 응하여 답한다는 뜻의 '응답'이 들어가는 것이 적절하다.

04 ❶ 동작 ❷ 운동

05 ❶ 차지 ❷ 처지 ❸ 처치

> ❶ 누나 몫의 케이크를 자기 몫으로 가진다는 내용이 어울리므로 빈칸에는 '차지'가 알맞다.
> ❷ 놀부에게 쫓겨나서 흥부가 밥을 굶을 사정이 되었다는 내용이 어울리므로 빈칸에는 '처지'가 알맞다.
> ❸ 불에 데면 의사에게 치료받는다는 내용이 어울리므로 빈칸에는 '처치'가 알맞다.

06 ③ 급하다 - 위급하다는

> '급하다'는 사정이나 형편이 조금도 지체할 겨를이 없이 빨리 처리하여야 할 상태에 있다는 뜻이다. '위급하다'는 몹시 위태롭고 급하다는 뜻이다. '급하다'와 '위급하다'는 비슷한 뜻을 지닌 어휘이다. 나머지 ①, ②, ④, ⑤는 반대의 뜻을 지닌 어휘이다.

07 ☑ 눈 깜짝할 사이

08 다친 사람을 [구][조] 할 때 이용하는 교통수단

> 이 글은 위급한 사고 상황에서 다친 사람을 빠르게 이동시키기 위한 교통수단에 대해 설명한 글이다.

09 ⑤ 환자를 구조할 때 사용하는 여러 장비가 준비되어 있다.

> 구급차, 응급 구조 헬리콥터, 해상 구조 보트 모두 환자를 구조하기 위한 장비가 있어 환자를 처치하며 병원으로 옮긴다.

10 ❶ ㉠ ❷ ㉡

> 응급 구조 헬리콥터는 산이나 섬처럼 병원과 거리가 먼 지역의 환자를 병원으로 옮기고, 강이나 바다에서 사람들이 위험에 처했을 때는 해상 구조 보트가 출동한다.

18 이렇게 말해요

국어 말하기

01 ❶ 대화　❷ 배려

02 바르다고

> • 재밌다: (어떤 일이) 마음에 쏠리고 즐겁다.
> • 다르다: (어떤 것과) 같지 않다. 차이가 있다.
> • 독특하다: 다른 것과 비슷하지 않고 특별하게 다르다.

03 ㉡

04 ❶ 대답　❷ 상대

05 ❶ ㉠　❷ ㉢　❸ ㉡

> ❶ 얼굴에 로션을 발랐다는 내용이므로 '바르다'는 '문질러 묻히다.'라는 뜻으로 쓰였다.
> ❷ 친구가 예의가 바르다는 내용이므로 '바르다'는 '사회적인 기준에 들어 맞다.'라는 뜻으로 쓰였다.
> ❸ 밤을 까서 알맹이만 발랐다는 내용이므로 '알맹이를 집어내다.'라는 뜻으로 쓰였다.

06 ☑ 신경을 쓰다

> 첫 문장은 옷을 멋지게 입고 싶어서 옷차림에 주의를 기울인다는 의미가, 두 번째 문장은 아이가 그릇을 깰까 봐 엄마가 아이에게 주의를 기울인다는 의미가 들어가는 것이 알맞다. 두 문장 모두 주의한다는 뜻이 담겨야 하므로 '신경을 쓰다'가 들어가야 알맞다.

07 ☑ _____의 태도로 장맛비에 강물이 넘치지 않도록 대비해야 한다.

> 두 번째 문장에서 장맛비에 대비해야 한다고 하였으므로 미리 준비가 되어 있으면 걱정할 것이 없다는 뜻의 '유비무환(有備無患)'이 들어가야 알맞다.

08 대 화 를 하는 바른 방법

> 이 글은 대화를 하며 말하는 사람과 듣는 사람이 지켜야 할 언어 예절에 대해 설명하고 있다.

09 ⑤ 말을 할 때는 듣는 사람을 보지 않는다.

> 말을 하는 사람과 듣는 사람 모두 대화를 할 때 상대방을 바라보아야 대화를 잘 이어 갈 수 있다.

10 ④ 상대방과 즐겁게 대화할 수 있다.

> 이 글의 마지막 문장에서 말을 하는 사람과 듣는 사람이 서로 예절을 지키며 배려하면 즐겁게 대화할 수 있다고 하였다.

19 과학 지구 바닷물이 짠 까닭

01 육지

02 (빼면)

> 💬 '포함하다'는 '속에 들어 있거나 함께 넣다.'라는 뜻이므로 '전체에서 일부를 제외하거나 덜어 내다.'라는 뜻의 '빼다'와 뜻이 반대이다.

03 ☑ 네 이야기만 듣고 그 일이 왜 일어났는지 <u>적응하기</u> 어렵다.

> 💬 두 번째 문장에는 사정이나 형편을 어림잡아 헤아린다는 뜻의 '짐작하다'를 쓰는 것이 적절하다.

04 1 ㄴ   2 ㄷ   3 ㄱ

05 ☑ 회장 ←→ 부회장

> 💬 '부회장'의 '부-'는 '으뜸의 바로 아래가 됨.'의 뜻을 더하는 '부(副)-'이다. 예 부사장, 부반장

06 1 ㄹ   2 ㄱ   3 ㄴ   4 ㄷ

07 ☑ 수학 선생님이 그 수학 문제를 푸는 것은 <u>땅 짚고 헤엄치기</u>이다.

> 💬 수학 선생님이 수학 문제를 푸는 것은 매우 쉬우므로 '땅 짚고 헤엄치기'를 사용하는 것이 알맞다. 두 번째 문장에서 자전거를 잃어버린 후에 자전거 자물쇠를 사는 것은 일이 이미 잘못된 뒤에 일을 고치려 하는 것이므로 이를 표현한 '소 잃고 외양간 고친다'를 사용해야 알맞다. 세 번째 문장에는 여러 사람이 제 주장만 내세우면 일이 제대로 되기 어렵다는 뜻의 '사공이 많으면 배가 산으로 간다'를 사용해야 알맞다.

08 바 닷 물 에 녹아 있는 소금 성분

> 💬 이 글은 바닷물에 소금 성분이 들어간 까닭을 설명하고, 바닷가 사람들이 바닷물에 적응하여 이를 활용하는 모습을 설명하였다.

09 ④ 육지의 소금 성분이 바다로 흘러들어서

> 💬 육지의 소금 성분들이 빗물에 녹아서 바다로 흘러들어가고, 바다 속 화산이 폭발할 때 나온 소금 성분도 바닷물에 스며들었다. 바닷물에 이러한 소금 성분이 포함되어 바닷물이 짠 것이다.

10 ☑ 바닷물을 그대로 농사에 사용했다.

> 💬 이 글의 뒷부분에서 소금 성분 때문에 바닷물을 먹거나 농사지을 때 사용할 수 없다고 하였다.

01 ❶ 적성 ❷ 능력

02 (생활)

> '생활'은 생계나 살림을 꾸려 나간다는 뜻이다.
> • 역할: (조직이나 기관에서 어떤 자격으로, 또는 어떤 처지에서) 하기로 되어 있는 일. 또는 맡아서 하는 일
> • 목적: 이루려고 하는 그것
> • 습관: 어떤 행동을 오랫동안 되풀이하는 동안에 저절로 굳어진 버릇

03 ⓒ

04 (가능)

05 ❶ 무감각 ❷ 무관심

06 ☑ 입에 풀칠하다

07 ⑤ 능력이 없는 사람도 한 가지 재주는 있다

> 빠르게 움직이지 못하는 굼벵이도 한 가지 구르는 재주가 있다는 말로, 아무리 못난 사람이라도 한 가지 재주는 가지고 있다는 뜻의 속담이다.
> ① '돌다리도 두들겨 보고 건너라'라는 속담의 뜻이다.
> ② '믿는 도끼에 발등 찍힌다'라는 속담의 뜻이다.
> ③ '다람쥐 쳇바퀴 돌 듯'이라는 속담의 뜻이다.
> ④ '사촌이 땅을 사면 배가 아프다'라는 속담의 뜻이다.

08 나에게 맞는 직 업 을 찾는 방법

> 이 글에서는 직업이 무엇인지 설명하고, 어떤 점을 고려해서 직업을 찾아야 하는지 설명하였다.

09 ❶ ○ ❷ ○ ❸ ○ ❹ ✕

> 직업을 선택할 때는 다른 사람의 생각보다는 내 적성에 맞는지, 내 능력은 무엇인지를 파악하는 것이 중요하다.

10 ① 어른

> 직업은 생계를 꾸리는데 필요한 돈을 벌기 위해 일정한 기간 동안 계속 하는 일이다. '어른'은 다 자란 사람을 뜻하는 말이다.

1 굽 다

2 처 치

3 좌 석

4 합 계

5 장 비

6 ❶ ○ ❷ ✕ ❸ ○ ❹ ○

    💬 ❷ '다르다'는 '비교가 되는 두 대상이 서로 같지 않다.'라는 뜻이다.

7

제	거	비	교
❸순	식	간	❷규
❶충	부	탁	칙
고	때	때	로

8 ④ 화목: 규정, 약속, 법, 예의 따위를 어기지 않고 실제로 해 나가다.

    💬 ④는 '지키다'의 뜻이다. '화목'은 '서로 뜻이 맞고 정이 있다.'라는 뜻이다.

9 ☑옷차림

    💬 '복장'은 '옷을 차려입은 모양'이라는 뜻이다.

10 ☑분실하다

    💬 '잃어버리다'는 '가졌던 물건이 자신도 모르게 없어져 그것을 갖지 않게 되다.'라는 뜻이다.

11 ❶ ㉡ ❷ ㉠

12 ⑤ <u>보호</u>

💬 '보호'는 '위험으로부터 약한 것을 잘 돌보아 지키다.'라는 뜻이다.
① '계산'은 '수를 헤아리다.'이라는 뜻이다.
② '포함'은 '속에 들어 있거나 함께 넣다.'라는 뜻이다.
③ '짐작'은 '사정이나 형편 따위를 어림잡아 생각하다.'라는 뜻이다.
④ '조사'는 '어떤 내용을 알기 위하여 자세히 살펴보거나 찾아보다.'라는 뜻이다.

13 ⓛ

💬 ㉠은 '참고'의 뜻이다. 예 지도를 <u>참고</u>해서 길을 찾아갔다.

14 ⓛ

💬 ㉠은 '바르다'의 뜻이다. 예 그는 어른께 공손히 인사하는 예의 <u>바른</u> 사람이다.

15 ☑ 맞이하다

💬 '도착하다'는 '목적한 곳에 다다르다.'라는 뜻이다. '맞이하다'는 '남편, 아내, 며느리, 사위 등을 예의를 갖추어 가족의 한 사람으로 되게 하다.'라는 뜻으로 '도착하다'와 뜻이 비슷한 어휘가 아니다.

16 ☑ 버티다

💬 '나타내다'는 '생각이나 느낌 따위를 글, 그림, 음악 따위로 드러내다.'라는 뜻이다. '버티다'는 '무게 따위를 견디다.'라는 뜻으로 '나타내다'와 뜻이 비슷한 어휘가 아니다.

17 ③ 저 언덕은 경사가 <u>완만해서</u> 오르기 힘들다.

💬 ③의 '완만하다'는 '비스듬히 기울어진 정도가 가파르지 않다.'라는 뜻이다. 따라서 '오르기 힘들다'라는 표현과 함께 사용하려면 '완만해서' 대신 '산이나 길이 몹시 기울어져 있다.'라는 뜻의 '가팔라서'를 사용하는 것이 알맞다.
① '주무시다'는 '자다'의 높임말이다.
② '장맛비'는 '여름철에 여러 날을 계속해서 내리는 비'라는 뜻이다.
④ '공연'은 '음악, 무용, 연극 따위를 많은 사람 앞에서 보여 주는 일'이라는 뜻이다.
⑤ '대화'는 '마주 대하여 이야기를 주고받다.'라는 뜻이다.

18 귀

19 재주

20 처지

1 머 칠

2 축 복

3 순 간

4 짐 작

5 조 사

6 1 ㉠   2 ㉡

7 1 ○   2 ✕   3 ○   4 ○

•••• 2 '적시다'는 '물 따위의 액체를 묻혀 젖게 하다.'라는 뜻이다. 제시된 뜻은 '건조하다'의 뜻이다.

8 ⑤ 빼다, 포함하다

•••• ⑤ '빼다'는 '전체에서 일부를 제외하거나 덜어 내다.', '포함하다'는 '속에 들어 있거나 함께 넣다.'라는 뜻으로 두 어휘는 뜻이 반대이다.
① '육지'는 '강이나 바다와 같이 물이 있는 곳을 뺀 지구의 겉면'이라는 뜻으로, '땅'과 뜻이 비슷하다.
② '파악'은 '어떤 대상의 내용이나 본래의 성질을 확실하게 이해하여 알다.'라는 뜻으로, '이해'와 뜻이 비슷하다.
③ '한파'는 '겨울철에 기온이 갑자기 내려가는 현상'으로 '추위'와 뜻이 비슷하다.
④ '경사'는 '비스듬히 기울어짐. 또는 그런 정도나 상태'라는 뜻으로 '비탈'과 뜻이 비슷하다.

9 1 (가끔 | 자주)
2 (적은 | 많은)
3 (듣다 | 물어보다)
4 (평평하고 | 통통하고)

10 ② 비교

•••• '비교'는 '둘 이상의 사물을 대보고 서로 간의 비슷한 점, 차이점 따위를 살펴보다.'라는 뜻이다.
① '관람'은 '연극, 영화, 운동 경기, 미술품 따위를 구경하다.'라는 뜻이다.
③ '적응'은 '일정한 조건이나 상황에 맞추어 행동하거나 알맞게 되다.'라는 뜻이다.
④ '존중'은 '높이어 귀하고 중요하게 대하다.'라는 뜻이다.
⑤ '조사'는 '어떤 내용을 알기 위하여 자세히 살펴보거나 찾아보다.'라는 뜻이다.

11 ⑤ 이 도로는 <u>평평해서</u> 차가 지나갈 때 크게 흔들린다.

💬 '평평하다'는 '바닥이 고르고 판판하다.'라는 뜻이다. 도로가 평평하다면 차가 지나갈 때 크게 흔들리지 않는다. 따라서 '평평해서' 대신 '울퉁불퉁해서'를 사용하는 것이 문장에 어울린다.
① '부탁'은 '어떤 일을 해 달라고 청하거나 맡기다.'라는 뜻이다.
② '구조'는 '재난 따위를 당하여 어려운 처지에 빠진 사람을 구해 주다.'라는 뜻이다.
③ '응급'은 '급한 대로 우선 처리하다. 또는 급한 상황에 맞게 대처하다.'라는 뜻이다.
④ '생계'는 '살아갈 방법 또는 현재 살아가고 있는 형편'이라는 뜻이다.

12 ☑ 실력

💬 '능력'은 '어떤 일을 해 낼 수 있는 힘'이라는 뜻이다.

13 ☑ 다툼

💬 '갈등'은 '개인이나 집단 사이에 목표 등이 달라 서로 맞서다.'라는 뜻이다.

14 ☑ 반듯하다

💬 '곧다'는 '굽거나 비뚤어지지 않고 똑바르다.'라는 뜻이다.

15 ☑ 부족하다

16 ☑ 느리게

17

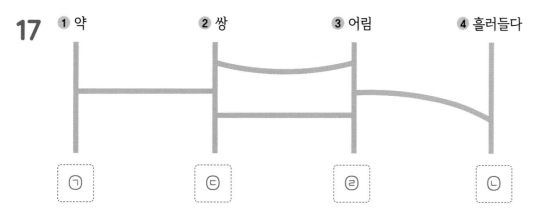

18 〔 손 〕

19 〔 약 〕

20 〔 불안 〕

속담·한자 성어 깊이 알기

빈 수레가 요란하다

본문 18쪽

'수레'는 바퀴를 달아서 굴러가게 만든 기구로 사람이 타거나 짐을 싣는 것을 말합니다. 수레에 짐을 가득 싣고 가면 움직일 때 소리가 나지 않습니다. 그러나 수레에 짐이 별로 없으면 그 짐들이 움직이면서 요란한 소리가 납니다. 따라서 이 속담은 '실속 없는 사람이 겉으로 더 떠든다.'는 뜻입니다.

예 빈 수레가 요란하다고 농구를 잘한다며 잘난 체하던 짝이 막상 농구 시합을 하니 공도 제대로 잡지 못했다.

떡 줄 사람은 꿈도 안 꾸는데 김칫국부터 마신다

본문 34쪽

옛날부터 우리나라 사람들은 밥 먹을 때뿐만 아니라 간식을 먹을 때에도 김치를 함께 먹었습니다. 그래서 뻑뻑한 떡 종류를 먹을 때에는 김치에 들어 있는 국물을 마시기도 하였습니다. 옛날에 어떤 사람이 떡을 가지고 있는데 그 모습을 본 사람이 '저 떡을 먹으면 목이 메이겠지?'라고 생각하며 미리 김칫국을 마셨습니다. 물론 떡을 가진 사람은 떡을 줄 생각이 없습니다. 따라서 이 속담은 '해 줄 사람은 생각지도 않는데 미리부터 다 된 일로 알고 행동한다.'는 뜻입니다.

예 떡 줄 사람은 꿈도 안 꾸는데 김칫국부터 마신다고 형은 아빠가 생일 선물로 게임기를 사 줄 것이라고 잔뜩 기대하고 있다.

가는 날이 장날

본문 62쪽

'장날'은 장을 서는 날을 말합니다. 옛날에는 보통 오 일에 한 번씩 장이 열려서 장날이면 사람들은 장에 가서 필요한 것도 사고 장 구경도 하였습니다. 어떤 사람이 친구를 만나기 위해 친구를 찾아갔는데 그 친구는 장에 가고 없어서 만나지 못하고 돌아오게 됐습니다. 이 속담은 이 일에서 생긴 말로, '어떤 일을 하려고 하는데 뜻하지 않은 일을 우연히 당하게 되는 것'을 뜻합니다.

예 도서관에 갔는데 가는 날이 장날이라고 도서관이 쉬는 날이었다.

사공이 많으면 배가 산으로 간다

본문 66쪽

'사공'은 배를 움직이는 운전사입니다. 하지만 사공이 많으면 서로 자기가 가고 싶은 곳으로 가려고 해서 엉뚱한 곳으로 가게 됩니다. 그래서 이 속담은 '여러 사람이 자기 생각만 내세우면 일이 제대로 되지 않는다.'는 뜻입니다.

예 사공이 많으면 배가 산으로 간다고 서로 자기가 먹고 싶은 것만 이야기하느라 음식을 아무도 주문하지 않았다.

좌불안석
–
본문 14쪽

앉다	좌 (坐)
아니다	불 (不)
편안하다	안 (安)
자리	석 (席)

'앉아도 자리가 편안하지 않다.'는 뜻으로, '마음이 불안하거나 걱정스러워서 한군데에 가만히 앉아 있지 못하고 안절부절못하는 모양'을 이르는 말입니다. 중국의 진나라가 조나라와 싸우고 있을 때, 이를 지켜보던 초나라 항우가 조나라와 힘을 합쳐 진나라를 쳐야 한다고 하였습니다. 그러나 다른 신하의 반대로 공격하지 못하고, 진나라에게 언제 공격당할지 모른다는 불안감에 좌불안석이 되었다는 데에서 유래하였습니다.

예 형의 장난감을 망가뜨린 나는 형이 이 사실을 알까 봐 좌불안석(坐不安席)이었다.

과유불급
–
본문 42쪽

지나다	과 (過)
오히려	유 (猶)
아니다	불 (不)
미치다	급 (及)

'정도를 지나치는 것은 부족한 것보다 못하다.'는 뜻으로, '지나치거나 모자라지 않고 한쪽으로 치우치지도 않는 상태가 중요하다.'를 이르는 말입니다.

예 과유불급(過猶不及)이라고 내 짝이 계속해서 내 칭찬을 하니까 오히려 기분이 나빠졌다.

타산지석
–
본문 58쪽

다르다	타 (他)
산	산 (山)
~의	지 (之)
돌	석 (石)

'다른 산에 있는 나쁜 돌이라 해도 내가 가지고 있는 보석을 가는 데 도움이 될 수 있다.'는 뜻으로, '다른 사람의 잘못된 행동이나 태도도 나를 바로잡는 데 도움이 될 수 있다.'를 이르는 말입니다. 옛날 중국의 시에서 '하찮은 사람의 말과 행동조차 군자가 마음을 다듬고 덕을 쌓는 데 도움이 된다.'라고 표현한 데서 유래하였습니다.

예 친구의 실수를 타산지석(他山之石)으로 삼아 완벽하게 내 역할을 해냈다.

역지사지
–
본문 78쪽

바꾸다	역 (易)
처지	지 (地)
생각하다	사 (思)
가다	지 (之)

'처지를 서로 바꾸어 생각한다.'는 뜻으로, '상대편의 처지에서 생각해 보고 배려해야 한다.'를 이르는 말입니다. 중국 하나라의 우 임금과 주나라의 후직은 백성들을 위해 한시도 쉬지 않고 직접 밭을 갈며 농사를 지었습니다. 자신들이 그렇게 하지 않으면 백성들이 어려운 처지에 놓일 것을 생각했기 때문입니다. 바로 자신들과 백성들의 처지를 바꾸어서 생각한 것입니다.

예 다른 사람과 대화할 때 역지사지(易地思之)의 태도를 지녀야 한다.

memo

한끝이 반이다

한끝

교과서 학습부터 평가 대비까지 한 권으로 끝!

• 깔끔한 개념 정리로 교과시 **핵심 내용**이 머릿속에 쏙쏙
• 알기 쉽게 풀어 쓴 용어 설명으로 **국어·사회 공부의 어려움을 해결**
• 풍부한 사진, 도표, 그림 자료로 **어려운 내용**도 한번에 이해
• 다양하고 풍부한 유형 문제와 서술형·논술형 문제로 **학교 시험도 완벽 대비**

초등 국어 1~6학년 / 사회 3~6학년

완자·공부력·시리즈　매일 4쪽으로 스스로 공부하는 힘을 기릅니다.

대표전화 1544-0554
주소 서울특별시 구로구 디지털로33길 48 대륭포스트타워 7차 20층
협의 없는 무단 복제는 법으로 금지되어 있습니다.